Sabatino Sorrentino

LA PIZZA

con i migliori
salumi d'Italia

MARETTI
EDITORE

Pizza contemporanea
con i migliori salumi d'Italia

Contemporary Pizza
with Italy's Best Salumi

LA PIZZA

con i migliori
salumi d'Italia

Curatore • Curator
Sabatino Sorrentino

Progetto editoriale
Editorial Project

Gurus lab

Foto • Photos
Lido Vannucchi

Testi • Texts
Sara Favilla

Direzione Editoriale
Publishing Director
Manfredi Nicolò Maretti

Revisione e coordinamento editoriale
Editorial supervision and coordination
Maria Paola Poponi

Grafica • Graphics
Maretti Editore
(Claudia Dagostino)

Traduzioni di • Translations by
Agenzia Traduzione-In – Milano

ISBN 978-88-9397-065-5

Si ringraziano
Special thanks

Sommario
Contents

Pizza classica con fiordilatte, provola calabrese, Guanciale di Suino Nero di Calabria – San Vincenzo

Classic Pizza with Fior di Latte Mozzarella, Calabrese Provola Cheese, Nero di Calabria Pork Jowl – San Vincenzo

Introduzione
Introduction

"Pizza e salumi, questo matrimonio s'ha da fare con passione e professionalità".

"Pizza and salumi, this marriage must take place with passion and professionalism".

Napoletana, romana, in teglia, a portafoglio, panuozzo, calzone fritto ed estro artigianale infinito, l'universo della pizza negli ultimi decenni ha goduto di un vero rinascimento grazie al certosino lavoro di pizzaioli, cuochi e appassionati del settore enogastronomico italiano con l'obiettivo di raggiungere l'eccellenza in tutte le fasi produttive, a partire dalla selezione di farine ricercate, fino a lievitazioni e cotture pressoché perfette, un'attenzione al dettaglio che ha trasformato un'abitudine ordinaria – quella di mangiare la pizza – nel desiderio di un'esperienza gourmet. Per il futuro ci auguriamo che la stessa passione e attenzione vengano destinate alla scelta dei migliori salumi d'Italia per completare un'arte storica che vede Napoli capitale del mondo.

Napoletana, Romana, in a tray, a portafoglio, Panuozzo, fried calzone with an endless artisanal creativity. In recent decades, the universe of pizza has enjoyed a true renaissance thanks to the meticulous work of pizza makers, chefs and enthusiasts in the Italian food and wine industry, with the objective of achieving excellence in all its production stages, starting with the selection of refined flours, with an almost perfect leavening and baking process. An attention to detail that has transformed an ordinary habit – that of eating pizza – into the desire for a gourmet experience. For the future, we hope that the same passion and attention to detail will be devoted to the selection of the best salumi in Italy to complete a historic art that recognizes Naples as the capital of the world.

Dalla Culatta di Busseto, al Guanciale Amatriciano, dalle mitiche Pancette Piacentine alle Mortadelle sublimi sino ad arrivare al Prosciutto di Parma DOP, nel nostro Paese c'è solo l'imbarazzo della scelta per continuare a fare scuola e dare il via a un nuovo corso per esaltare l'abbinamento tra due eccellenze italiane riconosciute nel mondo.

From the Culatta di Busseto, to the Guanciale Amatriciano, from the legendary Pancetta Piacentina to the sublime Mortadella all the way to the Prosciutto di Parma PDO, in our country you are only spoiled for choice, to continue to set the standard and to start a new path to enhance the pairing of two world-recognized Italian delicacies.

Sotto il cappello della *Guida Salumi d'Italia,* dopo *La Merenda italiana* (2022) e *L'Aperitivo italiano* (2023), anche questo libro nasce con l'obiettivo di valorizzare lo straordinario patrimonio della salumeria italiana. Pizza e Salumi s'ha da fare!

Under the umbrella of *Guida Salumi d'Italia,* after *La Merenda italiana* (2022) and *L'Aperitivo italiano* (2023), this book too was created with the objective of promoting the extraordinary heritage of Italian cured meats. Pizza and Salumi must be done!

Sabatino Sorrentino

Bis di pizza in pala
con i migliori salumi d'Italia

Peel Pizza with Two
Versions of Italy's Best Salumi

La Salumeria nella Storia
Charcuterie through History

Benché l'arte della salumeria sia localizzata, ufficialmente, in quel di Norcia donde arriva anche la parola "norcineria", ciascuno dei più reconditi angoli del nostro Bel Paese custodisce, e da tempo immemore, per giunta, la sua specifica tradizione in fatto di salumi e insaccati.

La tradizione, come vedremo, era perpetuata già al tempo di Ramses III, Faraone della XX dinastia egizia (1217 a.C. – 1155 a.C.), ma risale presumibilmente già al Neolitico, come dimostra la certosina indagine condotta dal paleontologo britannico John Desmond Clark (1916 – 2002).

A questo studio si collega la civiltà etrusca, presso cui l'allevamento suino era praticato con un orientamento produttivo assai contemporaneo, come dimostrano alcuni rinvenimenti collocati in quel di Vulci (VIII sec. a.C.) e, poi, anche a Forcello (IV sec. a.C.), nei pressi della virgiliana località di Andes. Qui, su un campione di circa quarantamila resti animali, il 60% era costituito da suini i cui corpi erano stati puntualmente amputati, durante la macellazione, degli arti posteriori, a indicare che già allora dovevano essere ricavati, essiccati e venduti altrove manufatti che, in tutto e per tutto, potevano essere

Although the art of charcuterie is officially localized in Norcia, where the word "norcineria" comes from, each of the most remote corners of our Bel Paese preserves and has had its own specific tradition of charcuterie and salumi since time immemorial.

As we shall see, the tradition was perpetuated as early as the time of Ramesses III, Pharaoh of the Twentieth Dynasty in Ancient Egypt (1217 BCE – 1155 BCE), but it probably dates back to the Neolithic period, as evidenced by the meticulous study of British paleontologist John Desmond Clark (1916 – 2002).

This study is linked to the Etruscan civilization, where pig breeding was practiced with a very modern productive orientation, as demonstrated by some finds discovered in the archaeological area of Vulci (8th century BCE) and later also in the archaeological park of Forcello (4th century BCE), near the Virgilian locality of Andes, not far from Mantua. Here, out of a sample of about forty thousand animal remains, 60% consisted of pigs whose bodies had been punctually amputated of their hind limbs at the time of slaughter, suggesting that even then artifacts – similar in every way to our "prosciutto"

assimilati al nostro "prosciutto". Questa, la prima testimonianza fattiva: in letteratura, invece, tutto comincia con Ippocrate il quale, padre della medicina Occidentale e depositario del giuramento omonimo, lodò per primo le virtù della carne di maiale in uno scritto del IV secolo a. C..

Dopo di lui farà altrettanto Marco Porcio Catone – meglio conosciuto come Catone il Censore (234 – 149 a.C.) – che nell'ultimo capitolo, il CLXX, del *De Agricoltura* descrisse la ricetta per la produzione del prosciutto che lui già chiamava *perxuctus,* ovvero prosciugato, perché disidratato per opera del sale. Similmente farà Tito Livio in *Ab Urbe condita* (XXXV, 5, 49) dove cantando le lodi di un banchetto registrò come tutto fosse stato fatto *ex mansueto sue factam* ovvero, ricavato dal mansueto maiale. Identica confessione quella estorta a Trimalcione da Petronio che, nel *Satyricon,* dichiara: «ch'io non abbia più a crescere di soldi, non di grasso, se tutta questa roba il mio cuoco non l'ha fatta dal porco».

Da queste attestazioni si evince che in epoca romana era dunque diffusa una certa quantità di ricette legate alla carne del maiale, già sottoposta a tecniche di stagionatura e affumicatura. Tutto l'animale, comunque, era celebrato nonché sottoposto a una sottile opera di propaganda: la rinomata X Legio, il fiore all'occhiello dell'esercito romano, recava sugli scudi niente meno che l'emblema di un maiale selvatico, stimatissimo anche da Plinio il Vecchio il quale, su di lui, scriveva «che da nessun altro animale si trae maggior materia per la ghiottoneria». Marco Terenzio Varrone, dal canto suo, erige il modello del buon *pater familias* su colui che provvedeva direttamente

– were being obtained, dried and sold elsewhere. This is the first factual evidence. In literature, however, it all begins with Hippocrates, the father of Western medicine and custodian of the eponymous oath, who was the first to praise the virtues of pork in a 4th century BCE text.

After him, Marcus Porcius Cato – better known as Cato the Censor (234 – 149 BCE) – would do the same in the 170th and last chapter of his De Agri Cultura (On Agriculture), where he wrote down the recipe for making prosciutto, which he already called perxuctus, that is, very dry, because it was dehydrated by the salting process. Similarly, Titus Livius in his Ab Urbe condita (XXXV, 5, 49) where he sings the praises of a banquet, recording how everything had been done "ex mansueto sue factam", that is, obtained from the meek pig. Indistinguishable is the confession extracted from Trimalchio by Petronius who declares in the Satyricon: "As I hope to grow a bigger man – in fortune I mean, not fat – I declare my cook made it every bit out of a pig".

These records show that there was no shortage of recipes for pork, which had already undergone curing and smoking techniques and was therefore widely available in Roman times. The entire animal, however, was celebrated as well as subjected to subtle propaganda. The famous X Legio, the feather in the cap of the Roman army, wore on its shields nothing less than the emblem of a wild boar, which was even appreciated by Pliny the Elder, who wrote that "from no other animal is derived more material for delicacy".

Focaccia con Mortadella Favola Gran Riserva Palmieri, burrata e limone

Focaccia with Mortadella Favola Gran Riserva Palmieri, Burrata Cheese and Lemon

al porzionamento e alla salagione delle sue proprie mezzene: lo scrive nel *De re rustica* (I sec. a.C.) in un'appendice di approfondimento dedicata al popolo gallico che, secondo lui, era più esperto di quello italico nella lavorazione delle carni suine. Alcuni secoli prima di Cristo, d'altronde, già Catone il Censore descriveva la ricetta per la produzione del prosciutto, che lui chiamava *perxuctus,* "prosciugato" in italiano, ovvero disidratato col sale.

E difatti, nonostante il livello di erudizione raggiunto in Italia su un'arte che, da sempre, è stata considerata di origine nazionale, è ai barbari che si deve almeno un cenno di gratitudine per aver perorato la causa, e diffuso la cultura, del maiale. Più precisamente pensiamo agli invasori Longobardi che, dopo la migrazione verso sud tra il II e il VI secolo d.C., dettero vita a quella che presso gli storici dei costumi è stata unanimemente ribattezzata "la Civiltà del Maiale". In queste terre, che coincidono oggi con parte della Liguria, del Piemonte, del Veneto, di tutta la Lombardia e una porzione dell'Emilia-Romagna – l'allevamento e l'uso della carne suina essiccata e stagionata subì una tale impennata da determinare la nascita di un confine assai significativo, e tuttora evidente, tra Emilia e Romagna. In Emilia, infatti, tutte le paste ripiene fanno largo uso della carne di maiale – prosciutto e mortadella, soprattutto – mentre in Romagna, complice l'influenza bizantina la cui cultura indora nei mosaici la città di Ravenna, si prediligeva come ripieno per la pasta fresca il formaggio di pecora, combinato all'uopo, semmai, con erbette di stagione.

Marcus Terentius Varro, for his part, sets up the model of the "buon pater familias" (good male head of the household) on the one who directly took care of portioning and salting of his own two sides of pork. He writes this in the De re rustica (1st century BCE), in an in-depth appendix devoted to the Gallic people who, according to him, were more skilled that the Italic people in pork processing. After all, several centuries before Christ, Cato the Censor already described the recipe for making prosciutto, which he called perxuctus, "very dry" in English, meaning dehydrated with salt.

And indeed, despite the level of erudition achieved in Italy on an art that has always been considered of national origin, it is to the barbarians that we owe at least a nod of gratitude for upholding the cause, and spreading the culture of the pig. Specifically, let us think of the Lombard invaders who, after migrating southwards between the second and sixth centuries CE, gave rise to what historians have unanimously renamed the "Pork Civilization". In these lands, which today coincide with part of Liguria, Piedmont, Veneto, all of Lombardy and a portion of Emilia-Romagna, the breeding and use of dried and cured pork experienced such a thriving explosion that it established a real demarcation line, still perceivable even today, between Emilia and Romagna. In Emilia, in fact, all the filled pasta make extensive use of pork meat, especially prosciutto and mortadella, while in Romagna, with the help of the Byzantine influence whose culture adorns the city of Ravenna with golden mosaics, sheep's cheese was preferred as a filling for fresh pasta, possibly combined with seasonal herbs.

Tornando dunque ai Longobardi, è in questi anni, diciamo orientativamente tra il VI e l'VIII secolo d. C., che il suino diventa una delle risorse alimentari più determinanti per il nostro popolo e, soprattutto, allorquando si incominciò a sperimentare altre forme di conservazione, come l'insaccatura, e a dare vita alle prime spalle, pancette, salami e salsicce. È dunque così, anche e soprattutto grazie all'esistenza del maiale e alla sua fruttifera convivenza con l'uomo, che si giunge al primo Medioevo.

In questo periodo, complice l'estensione delle foreste, si hanno grandi allevamenti di maiali bradi attestati soprattutto nel piacentino dove, grazie a un clima relativamente temperato, al riparo dal sole diretto e stemperato da folte macchie boschive, il maiale prosperava sviluppando un grasso nobile che, nel tempo, dette origine alla famosa coppa, al salame e alla pancetta odierni. Lo testimonia un importante documento risalente all'inizio del X secolo: si tratta dell'inventario del monastero bresciano di Santa Giulia il quale attesta che in circa ottanta proprietà sparse nell'Italia del nord, anche se concentrate soprattutto in Lombardia, i suini rappresentavano circa il 45% del capitale animale, volatili esclusi; questi dati furono poi confermati quando, intorno al XIV secolo, la sola città di Firenze, coi suoi 90.000 abitanti, assorbiva annualmente, proprio da quei boschi, quattromila tra buoi e vitelli, ottantamila ovini e trentamila capi di maiale.

Returning to the Lombards, it is in these years, roughly between the sixth and eighth centuries CE, that pork becomes one of the most important food resources for our people and, above all, when they began to experiment with other forms of preservation, such as natural casings, giving life to the first *spalle* (pork shoulders), pancetta, salami and sausages. It is in this way, also and above all thanks to the existence of the pig and its fruitful coexistence with human beings, that we reach the early Middle Ages.

In this period, thanks to the expansion of the wooded areas, large herds of wild pigs are confirmed, especially in the Piacenza area where, thanks to a relatively temperate climate which is sheltered from the direct sun light and cooled by dense wooded areas, the pigs thrived and developed a noble fat that, in time gave rise to today's coppa, salami and pancetta. This is affirmed by an important document from the early tenth century: the inventory of the monastery of Santa Giulia in Brescia, which attests that in about eighty properties scattered throughout northern Italy, but mainly in Lombardy, pigs represented about 45% of the animal capital, excluding poultry. This data was later verified when around the fourteenth century the city of Florence alone, with its 90,000 inhabitants absorbed annually, from those very woods four thousand oxen and calves, eighty thousand sheep and thirty thousand pigs.

Tris di pizza in pala
con i migliori salumi d'Italia

Peel Pizzas with a Trio
of Italy's Best Salumi

Ebbene, è proprio nell'areale di confine tra Lombardia ed Emilia-Romagna che si ambienta buona di questa nostra storia suinicola; a dimostrarlo, una molteplicità di testimonianze: la prima, quasi una dichiarazione d'amore, la ritroviamo all'interno dell'Abbazia di San Colombano di Bobbio, in Val Trebbia, dove si può ammirare un mosaico del XII secolo rappresentante il sacro rito della macellazione del maiale. Un'analoga raffigurazione è poi custodita nella cripta della Chiesa di San Savino, proprio adiacente alla città.

La salatura e la stagionatura erano, allora, conoscenze tramandate di generazione in generazione, e gelosamente, per giunta, perché proprio di un'arte si trattava: a testimoniarlo Giulio Landi che nel suo *Formaggiata di sere stentato,* edito nel 1542, cita e nobilita tutti i salumi prodotti a Piacenza, accostandoli ad altri salumi italiani, tra cui i prosciutti di Norcia. Di poco successivo (1569) *Le vinti giornate d'agricoltura et de piaceri de la villa,* un trattato di agronomia a firma di Agostino Gallo, sostiene che «si debba tenere de' porci per ammazzarli grassi al tempo del freddo per bisogno de la famiglia & de' lavoratori».

Well, it is precisely in the border area between Lombardy and Emilia-Romagna that much of this pork history of ours is set. To prove it, there is a multiplicity of testimonies: the first, almost a declaration of love, is found inside the Abbey of San Colombano di Bobbio in the Trebbia Valley where one can admire a 12th century mosaic representing the sacred rite of pig slaughter. A similar representation is then kept in the crypt of the Church of San Savino right next to the city.

Salting and aging were at the time, an expertise passed down from generation to generation and even jealously, precisely because it was an art. A testimony of this is Giulio Landi, who in his *Formaggiata di sere stentato,* published in 1542, mentions and ennobles all the cured meats produced in Piacenza comparing them with other Italian cured meats, including the prosciuttos of Norcia. Shortly afterwards (1569), *Le vinti giornate d'agricoltura et de' piaceri* (The twenty days of Agriculture and the Pleasures of the Country Estate) an agronomic document signed by Agostino Gallo, states that "one should keep pigs to slaughter them fat in the time of cold weather for the needs of the family and of the workers".

Pizza contemporanea con fiordilatte,
mozzarella di bufala, senape, timo e Prosciutto Cotto
Arrosto Alta Qualità Aronne Riserva – Leoni

Contemporary Pizza with Fior di Latte,
Buffalo Mozzarella, Mustard, Thyme and High Quality
Roasted Ham Aronne Reserve – Leoni

Pizza contemporanea con fiordilatte, mozzarella di bufala, tartufo nero estivo e Prosciutto di Parma DOP 30 mesi Etichetta Oro – Galloni

Contemporary Pizza with Fior di Latte, Buffalo Mozzarella, Black Summer Truffle and Prosciutto di Parma PDO 30 months Gold label – Galloni

Ma l'importanza che il maiale ha nell'economia medioevale viene attestata anche in ambito artistico il quale, nelle cattedrali dalla Sicilia al nord Europa, secolarizzava le tradizioni contadine in una sorta di calendario didattico che dedicava i mesi di novembre e di dicembre alla macellazione e alla lavorazione del maiale. Lo scrive anche Bonvesin de la Riva, milanese, vivente a cavallo tra il tredicesimo e quattordicesimo secolo, nel suo *Tractato dei mesi,* così come Folgòre da San Gemignano nei *Sonetti* che concentra tutti i lavori nel mese di dicembre conformemente a quanto sostenuto anche in un documento di molto più antico (1177) conservato all'Università di Bologna.

Chiaramente, attorno al maiale s'era creato un sistema di valori che, in taluni casi, poteva anche degenerare in furto – l'*imbolamento*, di cui parla anche Boccaccio nell'VIII novella della sesta giornata del *Decameron* – o in bottino di guerra come testimoniato dalla novella XXXIX del *Trecentonovelle* di Franco Sacchetti, dove si narra la storia di un gran caporale che, nelle terre nemiche, fece razzia di circa ottocento porci. Altre volte il maiale veniva utilizzato come strumento diplomatico: in particolare, il potere persuasivo dei salumi, salame a capofila, permise al cardinale piacentino Giulio Alberoni di conquistarsi la simpatia di personaggi molto influenti come il Duca de Vendôme, entrando a far parte del protocollo diplomatico dell'epoca così come attestato dal carteggio intercorso tra l'Alberoni stesso e Ignazio Rocca.

But the importance of the pig in the medieval economy is also attested by the arts which in cathedrals from Sicily to northern Europe, secularized peasant traditions in a kind of didactic calendar that dedicated the months of November and December to the slaughter and processing of pigs. The Milanese Bonvesin de la Riva, who lived at the turn of the 13th and 14th centuries, also writes on the subject in his Tractato dei mesi (The months' Treaty), as does Folgòre da San Gemignano in Sonetti (Sonnets) which concentrates all kinds of work in the month of December in accordance with what was is supported by a much older document (1177) preserved at the University of Bologna.

Obviously, a system of values had been created around the pig which in some cases could even degenerate into theft – the "*imbambolamento*" (stealing with dexterity) that Boccaccio writes about in the 8th tale of the sixth day of the *Decameron* – or into spoils of war as testified in the 39th novel of the Trecentonovelle (Three hundred novels) by Franco Sacchetti, where the story is told of a great corporal who, in enemy territory, plundered about eight hundred pigs. At other times, the pig was used as a diplomatic tool: in particular the persuasive power of cured meats, especially salami, allowed the Cardinal of Piacenza, Giulio Alberoni, to win the favor of highly influential figures such as the Duke of Vendôme becoming part of the diplomatic protocol of the time as testified by the correspondence between Alberoni himself and Ignazio Rocca. In the history of the art of curing it is also possible to retrace other evidence, which opened up new horizons beyond those discussed so far.

Nella storia dell'arte della salumeria, però, è possibile risalire anche altre tracce, che spalancano nuovi orizzonti oltre a quelli trattati finora. In particolare, è noto come proprio le spezie potessero prendere parte attiva nel processo di stagionatura e non occorrerà sottolineare che il loro impiego abbia fornito agli storici anche alcune preziose indicazioni di carattere sociologico. Col latino *species* si soleva indicare merci "speciali" rispetto a quelle, invece, ordinarie. Queste, infatti, essendo importate dal lontano Oriente, finivano per essere vessillo di quei prodotti nati in seno a un contesto di grande agiatezza, specie per i salumi, dove queste finivano per essere utilizzate in ingenti quantità. Stesso discorso si deve poi fare per il sale e, in particolare, non si potrà non menzionare l'importanza della località di Cervia da cui il sale, risalendo i flutti del fiume Po, partiva e si diramava in tutto il Nord Italia.

Ciò premesso, tuttavia, sarà anche bene insistere su un altro elemento specifico della produzione dei salumi in età antica, ovvero sul fatto che il maiale conteneva in se stesso tutti gli elementi atti alla loro più fantasiosa produzione. A questo proposito sarà dunque bene ricordare che si incominciò a insaccare solo quando si comprese come utilizzare, all'uopo, proprio il budello del maiale: la prima attestazione di questo particolare tipo di tecnica comprare nel XIV secolo nel *Libro della Cocina* da parte di un anonimo toscano che descrive come «Budelli di porco o vitella tu li puoi empire di grasso porcino e altre carni, con spezie ed erbe odorifere». Arriviamo dunque al salame: nella decorazione interna del Battistero di Parma (1196 – 1307) e, precisamente, nella lastra dedicata al segno zodiacale dell'Acquario compaiono due

In particular, it is known how spices could take an active part in the cured meats' aging process and it will not be necessary to emphasize that their use also provided historians with some valuable sociological insights. The Latin *species* was used to indicate "special" goods compared to ordinary ones. In fact these, being imported from the Far East, ended up being the banners of those products born within a context of great affluence, especially for cured meats, where these ended up being used in large quantities. The same thing can be said about salt and, in particular, one cannot fail to mention the importance of the town of Cervia from where the salt, traveling up the waves of the Po River, departed and branched throughout Northern Italy.

Having said this, however, it is also worth insisting on another specific element of the production of cured meat in ancient times, namely the fact that the pig contained within itself all the elements necessary for their most imaginative production. In this regard, it is worth remembering that people began stuffing sausages only when they understood how to use pig's intestines for this purpose: the first attestation of this particular technique appears in the 14th century, in the Libro della Cocina (Cookbook) by an anonymous Tuscan writer who describes how "You can fill pig or veal intestines with pig's fat and other meats, with spices and aromatic herbs". Let us now come to the salami: in the interior decoration of the Baptistery of Parma (1196 – 1307) and more precisely on the slab dedicated to the zodiac sign of Aquarius where two artifacts appear that, due to

manufatti che, per dimensione e forma, sono riconducibili al Salame Felino oggi considerato tanto pregiato e caratteristico; di certo c'è che se non sussistono dubbi circa la sua produzione già in tempi antichi, è proprio il lemma "salame" a vantare un'origine a dir poco controversa.

Secondo il *Dizionario Etimologico della Lingua Italiana* di Manlio Cortelazzo e Paolo Zolli questo sarebbe comparso per la prima volta con la grafia "salamme" nel 1560; questa ipotesi è stata però presto smentita da un documento risalente al 1436 dove a un condottiero al soldo del Duca di Milano viene attribuita la richiesta di "porchos viginti a carnibus pro sallamine": ovvero venti porci la cui carne fosse adatta per fare i salami. Fino alla fine del XV secolo, comunque, era più comune la dizione *botulus* o *insicia* per indicare carni e lardo tritati assieme e conservate in un budello sotto sale e, come si evince, è proprio nel sale – elemento ricorrente di questa nostra trattazione – che dovremo cercare l'origine del lemma il quale ci porta speditamente presso una delle corporazioni più attive, in tal senso, quella dei "lardaroli", già attivissima in quel di Bologna intorno al XIII secolo.

È proprio in seno a questa corporazione che nasce il termine *salamen* con l'accezione contemporanea: una connotazione che sarà sancita dal manuale di cucina *Il trinciante* redatto nel 1581 da Vincenzo Cervio. Una digressione necessaria, questa, perché

their size and shape, can be traced back to the *Salame Felino*, considered today so valuable and distinctive. What is certain is that if there are no doubts about its production in ancient times. It is precisely the lemma "salami" to boast an origin that is, to say the least, controversial.

According to the Etymological Dictionary of the Italian Language by Manlio Cortelazzo and Paolo Zolli, this appeared with the spelling "salamme" in 1560. However, this hypothesis was soon disproved by a document dating back to 1436 where a condottiero in the pay of the Duke of Milan is attributed with a request for "porchos viginti a carnibus pro sallamine", that is, twenty pigs whose meat was suitable for making salami. Until the end of the 15th century, however, it was more common to use the term "*botulus*" or "*insicia*" to indicate meats and lard minced together and preserved in a casing of salt and, as can be seen, it is precisely in salt – a recurring element in this discussion of ours – that we should look for the origin of the term which quickly takes us to one of the most active guilds in this sense, that of the "*lardaroli*", already very active in Bologna around the 13th century.

It is precisely within this guild that the term *salamen* was born with its contemporary meaning: a connotation that would be sanctioned by the cooking manual *Il Trinciante* (The Carver), written in 1581 by Vincenzo Cervio. A necessary digression because a discussion that wants to be exhaustive on the history of cured

una trattazione che voglia essere esaustiva sulla storia dei salumi in Italia non può prescindere dal menzionare proprio le corporazioni e, in particolare, quella dei "salaroli", che si aggregò ufficialmente nel 1294 quando già contava, tra i suoi iscritti, ben 281 professionisti.

Tornando al salame, comunque, le sue origini sono più antiche di quanto non sarebbe lecito supporre: lo sostiene Alda Tacca che, ne *La storia del felino,* ne rintraccia le origini addirittura all'epoca del Faraone Ramsete III (1166 a. C.) e, in particolare, nelle raffigurazioni presenti nella sua tomba, in quel di Tebe. Non è quindi escluso che manufatti simili fossero già conosciuti e apprezzati presso gli antichi Greci e Romani, donde arriva anche l'etimologia della parola "luganiga" che, oggi attribuita solo alle produzioni di Veneto e Lombardia, porta invece originariamente alla Lucania, da cui arriva appunto.

Sempre a proposito di salame, comunque, sempre da Alda Tacca ci proviene un'osservazione di carattere sociologico: ovvero che il Salame Felino si diffuse anche a corte e, precisamente, presso le mense dei Farnese, dei Borbone e della Duchessa Maria Luigia, fino a costare più del prosciutto. È precisamente in questo periodo che si diffuse il poemetto giocoso di Antonio Frizzi, *La Salameide,* edito a Venezia nel 1772 e poi più volte ristampato, nel corso di tutto l'Ottocento. Qui si trova il primo riferimento alla salama da sugo ferrarese e, di conseguenza, l'attestazione della versatilità della carne di maiale, che l'autore riporta come segue: "In tante forme si tramuta, e parte/ la carne del porcel nel porchicidio/ che fa trasecolar la magic'arte".

meats in Italy, cannot ignore the guild themselves and, in particular, that of the so-called "*salaroli*" (artisans specialized in the processing and sale of salted pork meats) which officially joined in 1294 when it already counted, among its members, as many as 281 professionals.

However, returning to salami, its origins are older than one might presume: this is supported by Alda Tacca who, in The History of the Felino, traces its origins back to the time of Pharaoh Ramesses III (1166 BCE) and, in particular, in the depictions present in his tomb in Thebes. It is therefore not excluded that similar artifacts were already known and appreciated by the ancient Greeks and Romans, whence also comes the etymology of the word "*luganiga*", which today attributed only to the productions of Veneto and Lombardy, leads instead originally to Lucania, from which it actually comes.

Still on the subject of salami, however, we also get a sociological observation from Alda Tacca: that is, that *Salame Felino* also spread to court and, precisely, to the tables of the Farnese family, the House of Bourbon and Dutchess Maria Luigia, until it cost more than prosciutto. It was precisely during this period that Antonio Frizzi's playful poem *La Salameide*, published in Venice in 1772 and then reprinted several times, throughout the nineteenth century, became popular. Here we find the first reference to the *Ferrara Salama* da Sugo (a pork salami typical of the province of Ferrara, which is consumed after cooking) and, consequently, the proven versatility of pork meat, with the author reports as follows: "*In tante forme si tramuta, e parte/la carne del porcel nel porchicidio/ che fa trasecolar la magic'arte*" (In many forms is transformed, and parted/The meat of the piglet in the pork slaughter/ That makes the magical art amazed).

Pizza contemporanea con fiori di zucca, datterini e Pancetta XXL 24 mesi – Bettella

Contemporary Pizza with Pumpkin Flowers, Datterino Tomatoes and Pancetta XXL 24 months – Bettella

Quanto ai suoi parenti stretti, zamponi e cotechini avrebbero storia più recente. Secondo fonti accreditate il cotechino risale al XVI secolo e fece la sua prima comparsa a Mirandola, nel 1511, quando le milizie di Papa Giulio II, assediando la città, persuasero gli abitanti a prepararsi a quella che si prospettava loro come un'imminente carestia: fu così che incominciarono a insaccare la carne di maiale nella cotenna, inventando di fatto il cotechino e, successivamente, nelle zampe, dando così vita allo zampone. Questi due insaccati trovano nelle spezie e negli aromi triturati, oltre che nel sale, il loro segreto, confermato da un lunario modenese del 1866, che registrava "aromi polverizzati, cannella regina, macis, pepe garofanato, noce moscata, pepe forte franto".

Coeva di questo momento storico è poi anche la prima attestazione sulla mortadella che, dal canto suo, richiedeva una tecnologia più avanzata, ovvero la stufatura. A diffonderne la cultura fu Ovidio Montalbani, medico e filosofo del Seicento le cui gesta si ritrovano ne *L'economia del cittadino in villa* di Vincenzo Tanara (1644), mentre nel bando emanato dalla città di Bologna nel 1661 compare a chiare lettere che la tradizionale mortadella dovesse constare esclusivamente di carni suine, imponendo addirittura punizioni e castighi esemplari, nel provvedimento successivo datato 1720, per coloro che non ne rispettassero la tradizionale ricetta alla cui realizzazione erano autorizzati solo ed esclusivamente i "salaroli" della città. Una storia lunga, quella di questa corporazione, la cui maestria venne lodata anche nel 1822 dal grande economista David Ricardo.

As for its close relatives, *Zampone* and *Cotechino* would have a more recent history. According to credited sources, the Cotechino dates back to the 16th century and made its first appearance in Mirandola in 1511, when the militia of Pope Julius II, besieging the city, persuaded the inhabitants to prepare for what they saw as an impending famine: thus it was that they began to stuff pork in the rind, effectively inventing the Cotechino and, later, in the legs, thus devising the Zampone. These two cured meats found their secret in ground spices and aromas, as well as salt, confirmed by the Modenese almanac of 1866, which recorded "pulverized seasonings, Ceylon cinnamon, mace, allspice, nutmeg, strong crushed pepper".

Coeval of this historical moment is then also the first attestation on Mortadella, which, for its part, required a more advanced technology, namely stewing. The diffusion of mortadella is due to Ovidio Montalbani, a seventeenth-century physician and philosopher whose exploits are found in Vincenzo Tanara's L'economia del Cittadino in villa (The Economy of the Citizen in the Villa) – 1644, while in a decree issued by the city of Bologna in 1661, it is clearly stated that the traditional Mortadella must be made exclusively of pork and, in the later provision dated 1720, exemplary punishments and chastisements are imposed on those who did not respect the traditional recipe to the making of which only and exclusively the "salaroli" were authorized to prepare. A long history, that of this guild, whose mastery was praised even in 1822 by the great economist David Ricardo.

In età Moderna le carni di maiale lavorato furono protagoniste di luculliani banchetti che potevano tenersi anche molto lontano dalle zone di produzione dei salumi che celebravano. Era questa, del resto, l'antica funzione del sale: conservare la carne e renderla, al contempo, trasportabile. A riprova di questa supposizione i documenti rinvenuti presso gli Archivi di Stato di Genova, dai quali emerge che i corsari genovesi del periodo a cavallo fra Sette e Ottocento stivavano le navi di prosciutti provenienti dall'Emilia e dal Veneto, regioni che avevano imposto, ed esportato, i modelli dei primi laboratori alimentari – spesso collegati alle manifatture di produzione propria – e le prime salumerie, i cui fasti si diffusero anche fuori dal Bel Paese grazie a due testimonial *ante litteram,* Gioacchino Rossini che, si narra, aveva una predilezione per lo zampone, e l'amico Niccolò Paganini. Ma la Rivoluzione Industriale era alle porte e, così, assieme all'innovazione tecnologica l'Europa assiste ai primi tentativi di trasformazione industriale della materia alimentare, carni suine comprese: saranno questi a imperversare nel corso del 1900 e a culminare negli anni Ottanta quale momento apicale del boom economico del Dopoguerra.

Sarà proprio questa industrializzazione a segnare, sul finire del secolo, un'inversione di tendenza che farà del consumo più moderato e del ritorno all'artigianalità uno dei passaggi cardinali della contemporaneità, e non solo in fatto di salumi.

In the Modern Age, processed pork meat was the star of lavish banquets that could be held even very far from the production areas of the cured meats they celebrated. This was, after all, the ancient function of salt: to preserve meat and, at the same time, make it transportable. This assumption is supported by documents found in the Genoa State Archives, which show that Genoese privateers of the period between the eighteenth and nineteenth centuries loaded ships with hams from Emilia and Veneto, regions that they had imposed and exported the models of the first food workshops – often linked to their own manufacturing – and the first "*salumerie*" (cured meat shops), whose fame spread even outside the Bel Paese thanks to two ante litteram testimonials, Gioacchino Rossini who, it is said, had a predilection for Zampone, and his friend Niccolò Paganini. But the Industrial Revolution was just around the corner, and so, along with technological innovation, Europe witnessed the first attempts at industrial processing of food matter, including pork: these would rage throughout the 1900s, culminating in the 1980s as the height of the postwar economic boom.

It is precisely this industrialization that, by the end of the century, will mark a trend reversal that will make more moderate consumption and a return to craftsmanship, one of the cardinal steps of the contemporary times, and not only in cured meats.

Pizza classica
con i migliori salumi d'Italia

Classic Pizza
with Italy's Best Salumi

La Storia
History

Napoli icona mondiale
Naples, a Worldwide Icon

Non è possibile segnare con certezza una data in cui si è iniziata a cucinare la pizza, forse per il suo carattere così elementare e primigenio che la imparenta al primo cibo della civiltà, quello che segna l'inizio dell'elaborazione degli alimenti, il pane. Farina, acqua, lievito ovvero aria, questi tre ingredienti da cui si sviluppa il gusto, per una preparazione che raccoglie in sé gli elementi della natura, acqua, aria terra, fuoco e che si moltiplica nelle mille forme e varianti a dettare le varie identità culturali con specifiche definizioni di gusto. La pizza è una costola del pane, e le varie testimonianze linguistiche ci riportano nell'alveo del bacino del Mediterraneo con le pite e i pani non lievitati, fino a quel documento del 997 d.C. in cui la parola pizza compare per la prima volta in un contratto di locazione di un mulino sul fiume Garigliano, a Gaeta, in cui si afferma che oltre all'affitto ogni anno erano dovute "duodecim pizze" (dodici pizze) a Natale e a Pasqua, oltre ad altre pietanze.

Bisogna però attendere altri 900 anni prima che si inizi a parlare di pizzeria, ma anche in questo caso non è possibile individuare una data precisa in cui è stata aperta la prima pizzeria. Quel che è certo è che geograficamente la pizza, così come la concepiamo in epoca moderna e contemporanea, si afferma e si diffonde

It is not possible to determine with certainty the date when pizza began to be made. Perhaps it is so elemental and primordial in nature that it is linked to the first food of civilization, the one that marks the beginning of food processing: bread. Flour, water, yeast (i.e. air) are the three ingredients from which taste develops, for a preparation that gathers in itself the elements of nature – water, air, earth, fire – which multiplies into a thousand different forms and variations to define the various cultural identities with specific definitions of taste. Pizza is an offshoot of bread and the various linguistic records take us back to the Mediterranean Basin with pitas and unleavened breads, up to that document of 997 A.D. where the term pizza appears for the first time in a lease contract for a mill on the Garigliano River in Gaeta, where it is stated that in addition to the rent, every year "*duodecim pizze*" (twelve pizzas) were due at Christmas and Easter, as well as other wonderful dishes.

However, we have to wait another 900 years before we can talk about pizzerias. Even in this case, it is not possible to pinpoint the exact date of the opening of the first pizzeria. What is certain is that pizza as we understand it in modern and contemporary times, was geographically established in Naples, which today is

Panuozzo con fiordilatte, provola, datterini, basilico e Pancetta XXL 24 mesi – Bettella

Panuozzo with Fior di Latte, Provola Cheese, Datterino Tomatoes, Fresh Basil and Coppa XXL 24 months – Bettella

a Napoli e che oggi è universalmente riconosciuta come patria della pizza. Qui per anni ha significato a lungo sussistenza per la popolazione, e se sicuramente veniva già consumata prima del Settecento, è dall'Ottocento che si fissano nelle cronache della città e nelle cronache letterarie i concetti di pizza e pizzaiolo, perché è in quest'epoca che si registra e si distingue il mestiere specifico per questa preparazione. Con ogni probabilità è stato un processo di identificazione lento, perché generalmente questa professione si mescolava a quello dei bettolieri e dei tavernieri, o a quello più generico dei fornai.

Il suo carattere popolare è decisivo per lo sviluppo e la diffusione così radicale in una città come Napoli la cui densità abitativa all'epoca era tra le più alte d'Europa e in cui la popolazione soffriva di alti tassi di povertà e precarietà. I documenti ottocenteschi narrano di bettole e taverne costantemente affollate e soprattutto di venditori ambulanti che somministrano cibo in strada per la plebe, poco avvezza o impossibilitata a cucinare per via degli alloggi angusti in cui era costretta a vivere. Questo quadro di assoluta indigenza si registra nel periodo che va dal viceregno spagnolo a ben oltre l'unità d'Italia.

universally recognized as the home of pizza. In Naples it was the main subsistence of the population for a long time and, although it was certainly already consumed before the eighteenth century, it is from the nineteenth century that the concepts of pizza and pizza maker are established in the city's and in literary chronicles, because it is in this period that the specific trade of this preparation is recorded and distinguished. In all likelihood, it was a slow identification process since this profession was intermingled with that of joint and tavern keepers, or with the more general one of bakers.

Its popular character was decisive for its very radical development and diffusion in a city like Naples, which at the time had one of the highest population densities in Europe and where the population suffered from high rates of poverty and precariousness. Nineteenth-century documents tell of constantly crowded bars and taverns and, above all, of street vendors who served food to the common people who, because of the cramped conditions in which they were forced to live, were unaccustomed to or unable to cook. This picture of extreme poverty was recorded from the time of the Spanish Viceroyalty and long after the unification of Italy.

Bisogna inoltre segnalare che a una domanda di siffatta natura corrispondeva un prodotto che veniva realizzato con ingredienti poveri, affinché il pizzaiolo (o pizzaiuolo, come riporta la nomenclatura di allora) potesse ammortizzare i costi di affitto della bottega e la paga dei dipendenti. In tal modo si potevano sfornare centinaia di pizze al giorno, creando un modello di business assai moderno per cui se il basso costo della pizza poteva permeare qualunque strato sociale, è anche vero che la maggior parte della popolazione è funzionale al basso costo e alla sua diffusione.

Tra le fonti che oggi ci permettono di tratteggiare per sommi capi la genesi e l'identità di questo cibo, sicuramente quelle letterarie sono, se non le più precise, almeno le più colorite nel darci un'idea del mood e della popolarità della pizza. Una rara quanto preziosa testimonianza ci arriva dall'epoca rinascimentale con la raccolta di ricette del cuoco pontificio Bartolomeo Scappi che nel 1570 descrive nella ricetta 121 una "torta con diverse materie, da' Napoletani detta pizza" naturalmente priva di pomodoro per cui bisognerà attendere la fine del '700, come racconta Vincenzo Corrado con la ricetta della salsa di pomodoro descritta nel suo *Cuoco Galante* del 1773.

It should also be noted that such a demand corresponded to a product made with inferior ingredients, so that the pizza maker (or pizzaiuolo, as the nomenclature of the time reported) could amortize the cost of renting the shop and the wages of the employees. In this way, hundreds of pizzas could be produced per day, creating a very modern business model, where if the low cost of pizza could permeate any social class, it is also true that the majority of the population was functional to the low cost and its distribution.

Among the sources that allow us today to outline in general terms the genesis and the identity of this food, even the literary ones are most assuredly the most accurate, at least the most colorful, in giving us an idea of the mood and the popularity of pizza. An equally rare and precious testimony comes from the Renaissance, with the collection of recipes of the papal chef Bartolomeo Scappi who in 1570 describes in recipe 121 a "*tourte with various ingredients, called pizza by Neapolitans*", naturally without tomato, for which we have to wait until the end of the eighteenth century, as Vincenzo Corrado recounts with the recipe for tomato sauce described in his *Cuoco Galante* of 1773.

Il *Vocabolario delle parole e del dialetto napoletano*... dell'abate Ferdinando Galiani pubblicato postumo nel 1789, già menziona e spiega la parola pizza come "nome generico di tutte le forme di torte, focacce, schiacciate; e quindi si aggiunge qualche aggettivo per distinguerle. [...] Crediamo che derivi dal latino *pistus* che dagli antichi fu dimenar la pasta onde le voci *pistores*, *pistura* etc.; e osserviamo che anche gli italiani chiamano schiacciate le nostre pizze, perché infatti le più semplici in altro non consistono che in un pezzo di pasta ammaccata tra le mani e poi con qualche condimento messo nella padella o nel forno". Si capisce quindi che il termine pizza era circoscritto alla città di Napoli, mentre nel resto d'Italia è definita focaccia, schiacciata o stiacciata. Bisogna attendere l'Ottocento inoltrato per incontrare nuove attestazioni letterarie, in particolare il volume del 1858, curato da Francesco De Bourcard, *Usi e costumi di Napoli e contorni* in cui si descrive la bottega del pizzaiuolo con il bancone, i vasetti con gli ingredienti, il forno sempre acceso, gli spazi per mangiare. Nel 1841 lo scrittore francese Alexandre Dumas nella serie di racconti *Il corricolo* racconta invece dei pizzaioli ambulanti, e nel 1886 si culmina con l'opera di Matilde Serao *Il ventre di Napoli* dove la pizza viene consacrata come "una delle adorazioni culinarie napoletane".

The *Vocabolario delle parole del dialetto napoletano*... (Vocabulary of words in the Neapolitan dialect) by Abbot Ferdinando Galiani, published posthumously in 1789, already mentions and explains the term pizza as a "generic name for all forms of cakes, focaccias, schiacciate; and therefore some adjectives are added to distinguish them. [...] With respect to the etymology, we believe that it comes from the Latin word "*pistus*" which by the ancients was to shake the dough, hence the words *pistores*, *pistura*, etc.; we note that even the Italians call our pizzas schiacciate, since the simplest ones consist of nothing more than a piece of dough compressed between the hands and then placed in the tray or in the oven with some seasoning". It is therefore clear that the term pizza was localized in the city of Naples, while in the rest of Italy it was called focaccia, schiacciata or stiacciata. We have to wait until the end of the nineteenth century to find new literary accounts, in particular the 1858 volume edited by Francesco De Bourcard, *Usi e costumi di Napoli e contorni descritti e dipinti* (Traditions and Customs of Naples – Described and Painted Surroundings) in which the pizza maker's shop is described with its counter, jars of ingredients with ovens that are always on, and the dining areas. In 1841, the French writer Alexandre Dumas in his series of short stories *Le Corricolo* (Sketches of Naples), tells of itinerant pizza makers and in 1886, the work of Matilde Serao, *Il ventre di Napoli* (The Belly of Naples), in which pizza is proclaimed as "one of the Neapolitan culinary devotions", is the highpoint.

Focaccia con mozzarella di bufala, datterino rosso, basilico e Prosciutto di Parma DOP 24 mesi – Galloni

Focaccia with Buffalo Mozzarella, Red Datterino Tomatoes, Fresh Basil and Prosciutto di Parma PDO 24 months – Galloni

Pizzaiuoli e pizzerie
Pizza Makers and Pizzerias

La storia del cibo, essendo strettamente connessa alle persone, è quindi legata a doppio filo anche alla storia e ai suoi accadimenti. A inizio '800 Napoli è sconvolta dagli avvicendamenti politici e dal periodo post rivoluzionario a seguito dell'occupazione francese e dall'insediamento di Napoleone.

È in questa fase che con il fratello Giuseppe Bonaparte danno il via a riforme politiche, finanziarie, giuridiche e fiscali che mette fine a una mentalità feudale di ascendenza medievale. Anche l'assetto cittadino viene completamente modificato e viene ridisegnata tutta l'urbanistica, per cui scompaiono interi quartieri, botteghe comprese, per crearne di nuovi secondo un nuovo piano regolatore.

Un ulteriore intervento tra fine Ottocento e i primi del Novecento ha cancellato le tracce fisiche di molte pizzerie, e ogni trasformazione geografica porta con sé nuovi assetti sociali e una nuova ridistribuzione della ricchezza. "Oggi di quelle antiche pizzerie rimane solo un ristrettissimo numero, nemmeno una decina, e di queste solo qualcuna ancora 'illustre'. In effetti la mappa storica dell'attuale topografia del settore, per quanto riguarda sia le pizzerie sia le famiglie di pizzaiuoli, risale per grandissima parte al periodo tra le due guerre, cioè agli anni Venti e Trenta del XX secolo".[1]

The history of food, being closely linked to people, is therefore also directly tied to history and its events. At the beginning of the nineteenth century, Naples is shaken by political changes and the post-revolutionary period following the French occupation and the installation of Napoleon.

At this stage, with his brother Joseph Bonaparte, political, financial, legal and fiscal reforms are initiated, putting an end to a feudal mentality of medieval origin. The layout of the city is completely modified and the entire urban planning is redesigned, resulting in the disappearance of entire neighborhoods, including shops, in order to create new ones according to a new regulatory plan.

A further intervention in the late nineteenth and early twentieth centuries has erased the physical traces of many pizzerias and each geographical transformation brings with it new social directives and redistribution. "Today, of those antique pizzerias" only a very small number remain, less than a dozen, and of these only a few are still "very prominent". Admittedly, the historical map of the current topography of the sector, both in terms of pizzerias and families of pizza makers, goes back for the most part to the period between the two world wars, that is, to the 1920s and 1930s".[1]

In questo breve excursus ricordiamo alcune tra le pizzerie che come pietre miliari hanno traghettato questo cibo attraverso il Novecento verso la contemporaneità.

Le pizzerie storiche che risalgono all'Ottocento e che sono ancor attive sono appena tre o quattro e sommate a quelle aperte a inizio Novecento si arriva a una decina in tutto.

La pizzeria sulla salita Sant'Anna di Palazzo narra di essere aperta dalla metà del 1700 anche se è diventata famosa dai primi dell'Ottocento sotto la gestione del pizzaiuolo Pietro Calicchio.

Da accertare anche la data del 1738 in cui sembra sia stata aperta la pizzeria in via Port'Alba, ma potrebbe trattarsi di una notizia non vera, in assenza di riferimenti o documenti scritti. Stesso discorso vale per quella di Largo della Carità, ma per queste tre pizzerie vale la notorietà raggiunta nel Novecento per l'ottima pizza napoletana, tuttavia bisogna ammettere che la longevità di queste pizzerie è data dalla bravura dei gestori e dall'ubicazione particolarmente strategica e non toccata dai rinnovamenti urbanistici.

In this brief digression, we will remember some of the pizzerias that, as milestones, have carried this food through the twentieth century to the present day.

There are only three or four historic nineteenth-century pizzerias that are still in operation which added to those that opened in the early twentieth century, bring the total to about ten.

The pizzeria on the Sant'Anna di Palazzo climb claims to have been open since the mid-1700s, although it became famous in the early 1800s under the management of pizza maker Pietro Calicchio.

It is also necessary to substantiate the date of 1738, when the pizzeria in Via Port'Alba seems to have been opened, but this could be incorrect information in the absence of references or written documents. The same goes for the one in Largo della Carità, but the fame achieved in the twentieth century for the excellent Neapolitan pizza applies to all three pizzerias. Although it must be admitted that the longevity of these pizzerias is due to the mastery of the managers and to the particularly strategic location, untouched by urban renewal.

Pizza contemporanea Margherita
Contemporary Pizza Margherita

La pizzeria è anche un fatto di famiglia che si tramanda di generazione in generazione, per cui è possibile rinvenire alcune famiglie storiche, come quella dei Mattozzi, la cui pizzeria ha aperto nel 1852 e ha "la particolarità che alla terza generazione, in un nucleo familiare composto da ben 17 figli, i 9 maschi furono tutti pizzaioli, e 7 di loro proprietari di una o più pizzerie, sull'esempio del prolifico genitore, che ne aveva avviate 5, tutte documentate".[2]

Altre famiglie storiche sono quella dei Lombardi che tra alterne vicende e varie generazioni poco documentate, avevano aperto la Pizzeria Lombardi a Santa Chiara nel 1922 per opera di Luigi, poi distrutta nel bombardamento del 1943, quindi riaperta in via Benedetto Croce al n. 69.

Altrettanto complicata è la genealogia della famiglia Pace di cui Carmine è quello che ha fissato a inizio Novecento la dinastia di pizzaioli, prima in via dei Tribunali e dal 1917 anche una pizzeria a piazza Cavour, quindi una pizzeria ristorante in via Santa Brigida (che è stata chiusa nel 2019) e nel 1952 il ristorante Ciro a Borgo Marinari, che è ancora aperto. Dopo la Seconda guerra mondiale la stessa famiglia aprì anche Il Cavallino d'oro al Vomero attualmente gestito dai discendenti di Carmine.

The pizzeria is also a family affair that is passed down from generation to generation. Thus, it is possible to find some historical families, such as the Mattozzi family, whose pizzeria opened in 1852 and has "the peculiarity that by the third generation, in a family composed of as many as 17 children, the 9 males were all pizza makers and 7 of them were owners of one or more pizzerias, following the example of their prolific parents who had started the first 5 locations, all of them documented".[2]

Other historical families include the Lombardi, who, amidst mixed fortunes and various undocumented generations, opened the Pizzeria Lombardi in Santa Chiara in 1922 thanks to Luigi, only to be destroyed in the 1943 bombing and then reopened in Via Benedetto Croce, 69.

Equally complicated is the genealogy of the Pace family, of which Carmine is the one who, at the beginning of the twentieth century, founded the dynasty of the pizzaiolos, with the first in Via dei Tribunali. From 1917 a pizzeria in Piazza Cavour, then a pizzeria-restaurant in Via Santa Brigida (closed in 2019) and, in 1952, the Ciro Restaurant in Borgo Marinari, which is still open even today. After the Second World War the same family also opened Il Cavallino d'oro in the Vomero district of Naples, which is currently run by Carmine's descendants.

Focaccia con riccioli di burro d'alpeggio e Culatta di Busseto 16 mesi – IBIS

Focaccia with Mountain Pasture Butter curls and Culatta di Busseto 16 months – IBIS

Pizza classica con gorgonzola al cucchiaio, noci e Speck IGP – Pfitscher

Classic Pizza with Gorgonzola al Cucchiaio (that can be spooned), Walnuts and Speck PGI – Pfitscher

La fortuna della pizza è cosa nota dei nostri ultimi decenni, e la sua diffusione oltre i confini di Napoli e della Campania è un fenomeno straordinario, debordante e in continuo movimento, tanto che ormai oggi la pizza è il cibo più globalizzato a livello mondiale. Ma per difendere la paternità della pizza così come la conosciamo oggi, a Napoli si è corsi ai ripari per garantire l'originalità e la genuinità degli ingredienti. In particolare Antonio Pace ha creato dagli anni '80 varie iniziative e associazioni, tra cui la Verace Pizza Napoletana, a tutela della pizza napoletana, contro ogni tipo di contraffazione e imbarbarimento del prodotto, oltre ad altre associazioni che mirano a riconoscere il valore professionale dei pizzaiuoli. Sono nate scuole di formazione e nel 2017 tutti questi sforzi sono stati premiati dal riconoscimento che l'Unesco ha tributato "all'arte del pizzaiuolo napoletano" come patrimonio immateriale dell'umanità.

È nella pizzeria che si afferma il concetto moderno di pizza, che la tradizione vuole essere costituita da due varianti, la Pizza napoletana Marinara, e la Pizza napoletana Margherita, a base di farina di grano tenero 00, acqua naturale, lievito di birra, pomodori pelati o pomodorini freschi, sale e olio extravergine d'oliva. A seconda poi che si tratti di Marinara o Margherita, aglio e origano, o mozzarella e basilico.

The success of pizza is a well-known fact of our previous decades and its diffusion beyond the borders of Naples and the Campania region is an extraordinary phenomenon, overflowing and in constant movement, so much so that today pizza is the most recognized global food around the world. But in order to defend the paternity of pizza as we know it today, companies in Naples have taken measures to guarantee the originality and genuineness of the ingredients. In particular, since the 1980s, Antonio Pace has founded various initiatives and associations, such as the Verace Pizza Napoletana, to protect the Neapolitan pizza against any kind of imitation and barbarization of the product, as well as other associations aimed at recognizing the professional value of pizzaioli. Schools have been created to train pizzaioli and in 2017 all these efforts were rewarded with the recognition by UNESCO "the art of the Neapolitan pizza maker" as an intangible heritage of humanity.

It is in the pizzeria that the modern concept of pizza is established, which tradition dictates to consists of two variants, the Pizza Napoletana Marinara and the Pizza Napoletana Margherita, made with soft wheat flour type 00, natural water, brewer's yeast, peeled tomatoes or fresh cherry tomatoes, salt and extra-virgin olive oil. Then, depending on whether it is Marinara or Margherita, garlic and oregano or mozzarella with basil.

1. A. e D. Mattozzi, "Pizza. Una storia napoletana. Pizzerie e pizzaiuoli tra fine Settecento e inizio Novecento", Slow Food Editore, Bra, 2021, p. 64.

2. A. e D. Mattozzi, "Pizza. Una storia napoletana. Pizzerie e pizzaiuoli tra fine Settecento e inizio Novecento", Slow Food Editore, Bra, 2021, p. 107-108.

1. A. and D. Mattozzi, "Pizza. Una storia napoletana. Pizzerie e pizzaiuoli tra fine Settecento e inizio Novecento", Slow Food Editore, Bra, 2021, p. 64.

2. A. and D. Mattozzi, "Pizza. Una storia napoletana. Pizzerie e pizzaiuoli tra fine Settecento e inizio Novecento", Slow Food Editore, Bra, 2021, pp. 107-108.

Tris di pizza contemporanea
con i migliori salumi d'Italia

Contemporary Pizza Trio
with Italy's Best Salumi

Margherita POP

Il mondo della pizza è composito, e trae origine dalla pizza Margherita che segna l'inizio del concetto moderno di pizza. Nel suo diffondersi da Napoli verso il resto della Penisola è venuta nel tempo arricchendosi di molte varianti, sia per impasti che per farciture, e quindi per forme e cotture. Nasce tonda e si mangia in spicchi, ma anche piegata su se stessa "a portafoglio", che resta uno degli usi più tipici a Napoli, confermando il suo paradigma di cibo di strada, da consumare anche in piedi. Si cuoce per lo più "al suolo", ovvero a diretto contatto con piano del forno, ma ha trovato larga fortuna anche la cottura in teglie rettangolari, da vendersi al taglio, in tranci, anche nelle panetterie. Con lo stesso principio si è diffusa su vasta scala anche la pizza alla pala, cotta sul piano del forno senza il medium della teglia e ugualmente servita in tranci, mentre la pizza al metro è una sua versione in formato extra large, venduta e somministrata in pizzeria in tranci da mezzo metro o un metro, emblema massimo della condivisione.

The world of pizza is complex, and has its origins in Pizza Margherita which marks the beginning of the modern concept of pizza. Over time, as it spread from Naples to the rest of the peninsula, pizza has developed many variations, both in terms of dough and toppings, as well as shapes and cooking methods. Born in a round shape, it is eaten in wedges but also folded on itself "*a portafoglio*" (wallet style), which remains one of the most typical styles in Naples, confirming its paradigm as a street food to be consumed even while standing or just taking a stroll. It is usually baked "*al suolo*", that is in direct contact with the ovens flat surface, but baking it in large rectangular trays has become very popular even in bakeries, to be sold in slices or even wedges. On the same principle, pizza "alla pala" (wooden peel), cooked on the flat bottom surface of the oven to then be served in slices, has also spread on a much larger scale, while pizza by the meter is an extra-large format of it, sold and served in pizzerias in half-meter or one-meter portions, the ultimate symbol of sharing.

La pizza nasce a Napoli, dicevamo, e a Napoli tradizionalmente, oltre al bordo alto (detto cornicione) si ammettono solo due varianti: la Pizza Marinara, con pomodoro, aglio, origano e olio extravergine di oliva; e la Pizza Margherita, con pomodoro, mozzarella, mozzarella di bufala campana DOP a cubetti o Fior di latte o Provola affumicata campana, basilico e olio extravergine di oliva.

In Campania certo non mancano i twist sulla tradizione, a cominciare dalla *pizza cilentana*, che si differenza dalla pizza napoletana già nell'impasto che è quello del pane, per cui si utilizzano il lievito madre e la semola di grano duro mescolata con la farina di grano tenero. La salsa di pomodoro datterino deve essere precedentemente cotta in pentola per circa un'ora con un soffritto di aglio e cipolla in olio evo. Un'altra differenza consiste nell'uso del cacioricotta stagionato di capra cilentana, grattugiato al posto del fiordilatte o della mozzarella di bufala, e dell'origano meridionale di montagna. In Cilento, la pizza in passato era un piatto povero che veniva cucinato quando veniva fatto il pane in casa per il consumo familiare e serviva per provare che il forno avesse raggiunto la temperatura giusta per cuocere il pane.

Pizza originated in Naples, we said, and in Naples, in addition to the tall, fluffy crust (called "*cornicione*"), only two variations are acceptable: *Pizza Marinara*, with tomato, garlic, oregano and extra virgin olive oil; *Pizza Margherita*, with tomato, mozzarella cheese, diced PDO Campania buffalo mozzarella and either Fior di Latte (literally "flower of milk") mozzarella or smoked provola cheese, basil and extra virgin olive oil.

In the region of Campania there is certainly no shortage of twists in the tradition, starting with the *Pizza Cilentana*, which differs from the Pizza Napoletana already from its dough, which is that of just bread. Therefore, the mother dough and durum wheat semolina mixed with soft wheat flour. The Datterino tomato sauce must be cooked in a pot with sautéed garlic and onion in EVO oil for about an hour. Another difference is the use of grated, aged Cilento goat's milk Cacioricotta, instead of Fior di Latte or buffalo mozzarella, and Greek mountain oregano, also known as Southern mountain oregano. In the past, pizza in Cilento was a poor persons' dish, baked when bread was made at home for family consumption and pizza was used to test if the oven had reached the right temperature to bake the bread.

Pizza contemporanea Marinara   Contemporary Pizza Marinara

Pizza classica a portafoglio   Classic Portafoglio-style Pizza

Margherita POP • Margherita POP

Saltimbocca con fiordilatte, salvia e Prosciutto di Parma DOP 24 mesi BIO – Ferrari Giovanni

Saltimbocca with Fior di Latte, Fresh Sage and Prosciutto di Parma PDO 24 months BIO – Ferrari Giovanni

Ancora campano, ma di origini assai più recenti, è il *panuozzo*, che nasce nel 1983 a Gragnano grazie all'invenzione del pizzaiolo Giuseppe Mascolo che una sera con l'impasto della pizza preparò una sorta di filoncino farcito di mozzarella e pancetta. Diventato tipico della Penisola Sorrentina, ha trovato subito larga fortuna anche i propri confini, e si sono sviluppate molte varianti, di cui la più tipica è con *sasicce e friarielli* (salsiccia e friarielli).

Ma nel suo viaggio nel resto dello stivale ha nel tempo acquisito molte modifiche e si è adeguata alle varie geografie e gusti diversi, per cui si sono affermate nel tempo tipologie con caratteristiche ben precise.

In Sicilia troviamo *u sfinciuni* (lo sfincione) palermitano, una focaccia morbida con pangrattato, cipolla, caciocavallo e *strattu,* la conserva di pomodoro essiccata al sole. A Catania è diffuso l'uso quotidiano della scacciata, o la tipica *siciliana,* un calzone fritto a pasta morbida con ripieno di formaggio, acciughe dissalate, funghi porcini, olive e altri ingredienti.
Nel siracusano si trova il *pizzolo*, una sorta di pizza tonda farcita e chiusa da uno strato superficiale condito con origano, peperoncino e parmigiano grattugiato. A Messina, viene prodotto il tradizionale *piduni*, piccolo calzone fritto o al forno ripieno di verdure, il quale condivide i suoi ingredienti con la *focaccia alla messinese*, la quale viene tradizionalmente preparata in teglia con verdure, formaggio, pomodoro e acciughe salate.

Additionally from Campania, but of much more recent origin, is the *Panuozzo*, born in 1983 in Gragnano thanks to the invention of pizza maker Giuseppe Mascolo, who one evening prepared a kind of small loaf of rolled pizza dough filled with mozzarella and pancetta. Once it had become typical of the Sorrento peninsula, it soon found great success even beyond its own borders, and many variations have developed. The most typical is with sasicce e friarelli (sausage and broccoli rabe).

In its journey throughout the remainder of the country, it has undergone many changes and adapted to many different regions and tastes, resulting in the establishment of varieties with distinct characteristics that have become well established over time.

In Sicily we find the *U Sfinciuni* (the sfincione) from Palermo, a soft focaccia with breadcrumbs, onion, caciocavallo cheese and *strattu*, the sun-dried tomato paste. In Catania, the *Scacciata* or the typical *Siciliana* - a fried soft dough calzone filled with cheese, desalted anchovies, porcini mushrooms, olives and other ingredients – are eaten on a daily basis.
In the Syracuse area, you can find the *Pizzolo*, a round pizza filled with various ingredients and then covered with a second crust on the top, seasoned with oregano, hot red pepper flakes and grated Parmesan cheese. The traditional *Piduni*, on the other hand, is made in Messina: a small fried or baked calzone filled with vegetables, which shares its ingredients with the *Focaccia alla Messinese,* traditionally prepared in a tray with vegetables, cheese, tomatoes and salted anchovies.

Focaccia Focaccia

Margherita POP • Margherita POP

La *pizza romana* si è diffusa dal Secondo dopoguerra e presenta un impasto più croccante a base di farina di grano tenero tipo 00 o 0, acqua, lievito di birra (oppure lievito naturale), olio d'oliva (oppure olio di semi, per ottenere una pizza più croccante) e sale. I ricettari di cucina romana prevedono l'aggiunta di acciughe dissalate, oltre a pecorino, pepe e basilico. Molto nota è anche la pizza bianca, una focaccia semplice da farcire a piacimento.

La *pizza genovese* è una derivazione dell'omonima focaccia, ed è una pizza in teglia con impasto piuttosto alto e morbido, realizzato con farina di grano tenero, acqua, sale, lievito di birra e un poco di latte. Dopo la lievitazione viene stesa con le mani direttamente nella teglia e cotta in forno, preferibilmente a legna.

La *pizza alla pisana* è stata creata per essere buona anche il giorno dopo la cottura ed è cotta in teglia tonda a partire da un impasto farcito con passata di pomodoro, acciughe e qualche cappero dissalato. Si cuoce nel forno elettrico, ma la particolarità è che pochi minuti prima del termine della cottura viene estratta, capovolta e rimessa nel forno. Una volta sfornata si sparge sopra la pizza del formaggio grana grattugiato.

Pizza Romana has been popular since after World War II and features a crispier dough made with soft wheat flour types 00 and 0, water, brewer's yeast (or natural yeast), olive oil (or seed oil for a crispier pizza), and salt. Roman cuisine cookbooks call for the addition of desalted anchovies, as well as pecorino cheese, pepper and basil. Also well-known is the *Pizza bianca*, a simple focaccia that can be filled as desired.

Pizza Genovese is derived from the focaccia of the same name. The dough is rather high and soft, made with soft wheat flour, water, salt, brewer's yeast, a little milk and then baked on a tray. After rising, it is stretched out by hand directly on the tray and baked in the oven, preferably a wood-fired oven.

Pizza alla Pisana was created to taste great even the day after it is baked and is made in a round pan with a dough filled with tomato puree, anchovies and some desalted capers. It is baked in an electric oven, but the peculiarity of this pizza is that a few minutes before it is ready, it is taken out of the oven, turned upside down and put back in to continue cooking. Once it is taken out of the oven, it is sprinkled with grated Parmesan cheese.

Pizza in teglia
con i migliori salumi d'Italia

Pizza in a Pan
with Italy's Best Salumi

Pizza in teglia con pomodoro, montasio, basilico e Prosciutto Cotto Alta Qualità – Martelli

Pizza in a Pan with Tomato Sauce, Montasio Cheese, Basil and Prosciutto Cotto Alta Qualità – Martelli

La pizza tipicamente marchigiana è un prodotto da forno, venduta nelle panetterie e nelle pizzerie a taglio. Deriva dalla crescia, con cui ha in comune la presenza di olio di oliva o di strutto nell'impasto. Presenta quattro varianti tradizionali, bianca con il rosmarino, bianca alla cipolla, rossa semplice e rossa con la mozzarella. D'inverno si può trovare anche la saporita *pizza coi grasselli,* i residui della fusione dello strutto.

Torino si è imposta per la *pizza al tegamino*, o *al padellino*, con impasto a doppia lievitatura e cottura al forno all'interno di un piccolo tegame, precedentemente oliato.

The typical Marche Pizza is a bakery product, sold by the slice in bakeries and pizzerias. It derives from *crescia* (a thin flatbread typical of the Marche and Umbria regions), as they both contain olive oil or lard in the dough. There are four traditional varieties: white (without tomato sauce) with rosemary, white with onions, plain red (with tomato sauce) and red with mozzarella. In winter, you can also find the tasty *pizza coi grasselli*, the flavorsome chips made from the preparation of lard (crackling pork).

Turin has become famous for its *Pizza al Tegamino* or *al Padellino* (pizza in the pan), with a double-leavened dough baked in small, pre-oiled pans.

Pizza in pala con pecorino di Amatrice, mostarda di fichi e Prosciutto Amatriciano IGP – SANO

Pizza in Peel with Amatrice Pecorino Cheese, Fig Mostarda and Prosciutto Amatriciano PGI – SANO

Margherita POP • Margherita POP

XX Secolo
Twentieth Century

L'evoluzione Gourmet
The Gourmet Evolution

Negli ultimi 30 anni, a partire dai primi anni '90 del novecento, la pizza è cominciata a essere considerata non più un fattore di costume, un cibo di strada o un pretesto per ritrovarsi tra amici a cena il sabato sera, ma è sempre più oggetto di studio, riflessione e ricerca. Ma per parlare di questa evoluzione (o trasformazione) è necessario prima parlare di rivoluzione.

Tutto inizia a metà degli anni '90 quando alcuni pizzaioli iniziano a interrogarsi sui parametri che compongono e definiscono la pizza, non solo per una indagine sul gusto, ma anche in nome della salubrità di questa tipologia di cibo mediterraneo.

Le farine, gli impasti, la lievitazione diventano soggetto di ricerca, il mercato inizia a diversificarsi e si inizia a discutere di concetti fino ad allora mai valorizzati, come le ore di lievitazione o l'uso del lievito madre o la forza della farina. Ed è in questo periodo che si inizia a imporre l'equivalenza tra buona lievitazione e buona digeribilità. In questa ampia riflessione emergono le diversificazioni tra impasti, quelli diretti e quelli indiretti, con i due estremi della maniera napoletana e la maniera romana che assurgono a bandiera del cambiamento e della consapevolezza.

In the last 30 years, beginning in the early 90s of the twentieth century, pizza has come to be considered no longer a factor of custom, a street food or an excuse to get together among friends for dinner on a Saturday night, but is increasingly the subject of study, reflection and research. But to talk about this evolution (or transformation), it is first necessary to talk about revolution.

It all begins in the mid-1990s, when some pizza makers begin to question the judging criteria that makes up and defines the pizza, not only in terms of evaluating the taste, but also in the name of the healthiness of this type of Mediterranean food.

Flour, dough, and leavening have become the intense subject of research, the market begins to diversify and people begin to discuss concepts that have never been evaluated before, such as leavening hours, the use of mother dough or the intensity of the flour. It is also during this period that the equivalence between good leavening and good digestibility begins to be dictated. In this broad reflection, the diversification between flour mixing – the direct and the indirect method– emerges, with the two extremes of the Neapolitan and the Roman methods rising to the standard of change and awareness.

Non solo, la pizza inizia a essere argomento accattivante anche per i grandi cuochi che hanno contribuito al riscatto del cibo pop elevandolo a haute cuisine, innescando critiche e riflessioni sul gusto e sulla composizione della pizza. La pizza continua a essere mangiata con le mani ma spesso arriva a tavola già tagliata in spicchi, dove ogni spicchio è farcito e condito come un unicum, e in alcune pizzerie si introducono i menu degustazione con l'assaggio di un percorso di spicchi con una sequenza gustativa degna di un ristorante di alta cucina.

L'attenzione per gli impasti si è poi allargata per osmosi anche a quella per le farciture (o topping), e molti pizzaioli non si accontentano più di avere un buon impasto con un pomodoro o una mozzarella qualsiasi. Le varie associazioni di valorizzazione e tutela dei territori e dei piccoli produttori diventano interlocutori efficaci anche nel mondo della pizza, ed ecco che inizia una riscoperta importante per esempio del pomodoro e delle sue decine di varietà che spesso sfuggono alla produzione su vasta scala e che invece presentano caratteristiche organolettiche e uno spettro gustativo molto ampio che accendono la fantasia dei pizzaioli.

Not only that, but pizza begins to become a fascinating topic even for the great chefs who have contributed to the redemption of pop food by elevating it to haute cuisine, triggering criticism and reflection on the taste and composition of pizza. Pizza continues to be eaten with the hands, but it often arrives at the table already cut into slices, where each slice is topped and seasoned as a unique and exceptional piece, while some pizzerias are introducing tasting menus that involve a journey through slices of pizza in a taste sequence worthy of a haute cuisine restaurant.

The focus on the different types of dough then spreads by osmosis to the toppings, and many pizza makers are no longer satisfied with a good dough topped with just any type of tomatoes or mozzarella. The various associations for the promotion and protection of the territory and the small producers become effective debaters in the world of pizza. Thus begins an important rediscovery, for example, of the tomato and its dozens of varieties that often escape large-scale production and instead offer organoleptic properties and a very wide range of flavors that ignite the imagination of pizza chefs.

Focaccia con fiordilatte, visciole senapate e Mortadella Favola Gran Riserva – Palmieri

Focaccia with Fior di Latte, Mustard Sour Cherries and Mortadella Favola Gran Riserva – Palmieri

Pizza classica con fiordilatte, burrata, datterini, olive e Prosciutto di Parma DOP IL Giovanni 30 mesi – Ferrari

Classic Pizza with Fior di Latte, Burrata Cheese, Datterino Tomatoes, Olives and Prosciutto di Parma PDO IL Giovanni 30 months – Ferrari

I piccoli produttori vengono così a configurarsi non più solo grandi alleati degli chef ma anche dei pizzaioli, e la pizza assurge a tavolozza su cui presentare e porre in dialogo le migliori eccellenze dei territori in tutta la loro essenza: le mozzarelle, i pomodori, i capperi, le acciughe, gli ortaggi, le olive, i formaggi, le erbe aromatiche, i pepi e i peperoncini, e naturalmente i salumi, tutti chiamati a raccolta dall'enorme sforzo di ricerca svolta ogni giorno dai pizzaioli rivoluzionari.

"Prima di ogni cosa la consapevolezza che dietro ai prodotti utilizzati per fare la pizza ci sono uomini e donne: cuori e sensibilità, conoscenze e saperi che devono essere comunicati. Creare sapori ed emozioni su un disco di pasta per me significa scrivere una guida sul territorio dove sono cresciuto. Nel mio progetto i contadini diventano aziende agricole e il pizzaiolo recupera la sua dignità"[3], ecco Franco Pepe di Pepe di Grani che in poche righe tratteggia il senso rivoluzionario della pizza a cavallo tra i due millenni.

Hence, the small producers become great allies not only of the chefs themselves but also of pizzaioli, while the pizza becomes a palette on which to present and put in communication the best products of the territory in all their essence: the mozzarellas, tomatoes, capers, anchovies, vegetables, olives, cheeses, aromatic herbs, different varieties of pepper and hot pepper flakes and of course the salumi to top it off. All gathered together by the enormous research effort implemented every day by the revolutionary pizza chefs.

Here, Franco Pepe of Pepe di Grani captures in a few lines the revolutionary importance of pizza at the turn of the millennium: "First of all, the awareness that there are men and women behind the products used to make pizza: hearts and sensitivities with knowledge and expertise that must be conveyed. For me, creating flavors and emotions on a disk of dough means writing a guide to the territory where I grew up. In my project farmers become agricultural companies and the pizza maker regains his dignity"[3].

L'attenzione a questi mutamenti e a questa necessità di dare dignità alla pizza, ha trovato terreno fertile nella critica e nella narrazione gastronomica al punto che la fama della "nuova" pizza ha richiamato folle di appassionati e professionisti da tutto il mondo, dando luogo a momenti di incontro e confronto: oggi nei maggiori congressi internazionali di gastronomia non mancano mai *speech* dei nostri pizzaioli più importanti fautori del nuovo concetto di pizza.

In questo breve excursus è giusto ricordare che quando scegliamo di andare a mangiare una pizza abbiamo di fronte un ventaglio di scelte possibili per cui è bene stare attenti a quale pizza ci apprestiamo a mangiare. La pizza nasce come napoletana, ma il mercato si è ben diversificato e anche deterritorializzato, e la pizza ha stili ben diversi specie per quanto riguarda la tipologia di impasto, oltre i confini regionali: pizza napoletana, pizza contemporanea (napoletana con cornicione alto o "a canotto"), pinsa romana, pizza cilentana, pizza romana o alla pala, pizza al padellino, pizza fritta, solo per citare le maggiori. Non resta che scegliere e scoprirle tutte.

The attention given to these changes and the need to give dignity to pizza has found fertile ground in critics and gastronomic narratives, to the point that the fame of the "new" pizza has attracted crowds of enthusiasts and professionals from all over the world, generating moments of meeting and discussion: today, in the most important international gastronomic conferences there is no shortage of speeches by our leading pizza makers who are the advocates of the new concept of pizza.

In this brief excursus it is fair to remember that, when we decide to go out for pizza we have a range of possible choices in front of us, so it is wise to be careful about which pizza we are about to eat. Pizza started out as Neapolitan, but the market has diversified and de-territorialized and pizza has many different styles, especially when it comes to the type of dough, beyond regional borders: Neapolitan pizza, Contemporary pizza (Neapolitan with a high *cornicione* – characterized by a high and fluffy crust – or "*a canotto*" – characterized by its inflated rim with giant bubbles inside), Pinsa Romana, Pizza Cilentana, Pizza Romana or "alla pala", Pizza al Padellino, Pizza Fritta, just to mention the main ones. All that remains is to choose and discover them all.

3. F. Pepe, "La mia pizza autentica. Ricette che hanno fatto la storia" Roma, Gambero Rosso ed., 2021, p. 43.

3. F. Pepe, "La mia pizza autentica. Ricette che hanno fatto la storia" Rome, Gambero Rosso ed., 2021, p. 43.

Pizza contemporanea con fiordilatte, indivia riccia, datterini e Bresaola Primitiva BIO – Paganoni

Contemporary Pizza with Fior di Latte, Curled Endive, Datterino Tomatoes and Bresaola Primitiva BIO – Paganoni

Focaccia con taleggio, datterini, erba cipollina e Salame Milano – Coati

Focaccia with Taleggio Cheese, Datterino Tomatoes, Chives and Salame Milano – Coati

Fuoco e cottura
Fire and baking

La buona riuscita di una pizza non è solo una questione di impasto o selezione di materie prime per le farciture. A un vero pizzaiuolo professionista è richiesta anche la conoscenza del fuoco per gestire la cottura che è argomento assai dibattuto tra i puristi e gli amanti della pizza.

Quando non esisteva l'elettricità, naturalmente la cottura avveniva nei forni a legna, con la fiamma che veniva innescata dalla pampuglia, ossia i trucioli di legno che il piazzaiuolo stesso andava a procurarsi tra gli scarti delle segherie. "Una palata di pampuglie dava alla pizza un grado di cottura e una fragranza indefinibile, e ormai irripetibile. I trucioli provocavano una vampata di calore e di conseguenza un tipo di cottura capace di lasciare stupefatti gli scrittori del passato i quali affermavano, con una certa ingenuità, che le pizze uscivano dal forno più bruciate che cotte, senza sapere che quello era il vero modello di cottura della pizza napoletana".[4]

Oggi le cose sono radicalmente cambiate, almeno nella conoscenza e consapevolezza di un saper fare che si è strutturato e che è stato attentamente studiato anche con metodi scientifici. Il disciplinare della Verace Pizza Napoletana conferma l'uso di forni a legna a volta bassa, che

The success of a pizza is not just a matter of dough or the selection of raw materials for toppings or fillings. A truly professional pizza maker is also required to have knowledge of fire to manage the baking process, which is a much debated topic amongst purists and pizza lovers.

In the days before electricity, pizza was baked in wood-fired ovens, where the flame was ignited by *pampuglia*, the wood shavings that the pizza maker himself collected from the scraps of the sawmills. "A shovelful of pampuglia gave the pizza an indefinable and now unrepeatable degree of baking and fragrance. The shavings caused a burst of heat, consequently, a type of cooking capable of astonishing the writers of the past, who naively stated that the pizzas came out of the oven more burnt than cooked, not knowing that this was the true cooking model of the Neapolitan pizza".[4]

Today, things have changed radically, at least in terms of the knowledge and awareness of a know-how that has been structured and carefully studied also with scientific methods. The "*Disciplinare*" (Method of production) for the Verace Pizza Napoletana confirms the use of low-vaulted wood-fired ovens, which must reach a

deve aver raggiunto la temperatura di circa 430-480 °C tra platea e volta. Con queste temperature è sufficiente inserire la pizza per 60-90 secondi, in cui la pizza si cuocerà in maniera uniforme su tutta la circonferenza, almeno per quanto concerne questo stile di pizza.

Il disciplinare della Verace Pizza Napoletana afferma anche che "la cottura dovrà avvenire direttamente sul piano del forno e non in teglie. Tradizionalmente la cottura avveniva solo in forni a legna; attualmente è prevista la possibilità di impiego di energie alternative come l'uso di forni a gas o forni elettrici. I suddetti forni devono rispondere a parametri di certificazione approvati dall'Associazione.

Il pizzaiolo trasferisce tradizionalmente la pizza condita su una pala di legno o di alluminio, aiutandosi eventualmente con un poco di farina e con movimento rotatorio, la stessa viene fatta scivolare dalla pala sulla platea del forno con un movimento rapido del polso tale da impedire la fuoriuscita dei condimenti o la deformazione del disco. Durante la cottura, il pizzaiolo deve controllare la pizza sollevandone un lembo lateralmente, con l'aiuto di una pala metallica e ruotandola verso il fuoco nel caso di forno a legna, utilizzando sempre la stessa zona di platea iniziale per evitare che la stessa possa bruciarsi a causa di due differenti temperature e assicurandosi che venga cotta in maniera uniforme su tutta la sua circonferenza".

cooking temperature of about 430-480° C between the stone surface of the oven and the dome. At these temperatures, the pizza is simply slid in the oven for 60-90 seconds, where it will cook in a uniform manner across its entire circumference, at least as far as this style of pizza is concerned.

The specifications for Verace Pizza Napoletana state that "the pizza must be cooked on the stone surface of the oven and not in pizza pans. Traditionally the cooking took place exclusively in wood-fired ovens. At present, there is a provision for the use of alternative energies such as the use of gas or electric ovens. These ovens must meet the certification factors approved by the Association.

The pizza maker traditionally transfers the garnished pizza onto a wooden or aluminum peel, possibly helping himself with a little flour while rotating it, the pizza is slid from the peel onto the oven with a quick flick of the wrist motion without allowing the toppings to move or the pizza disk shape to be deformed. The pizza maker should monitor the cooking by gently raising the edges of the pizza using a metal pizza peel and rotating the pizza towards the fire in the case of a wooden-fired oven, ensuring that the pizza stays in the same area of the cooking surface to ensure that it does not burn due to exposure to a different temperature. It is important that the pizza is cooked in uniform manner across its entire circumference".

Pizza contemporanea con burrata,
tartare di datterini, basilico,
Culatta di Busseto 16 mesi – IBIS

Contemporary Pizza with Burrata Cheese,
Datterino Tomatoes Tartare, Basil,
Culatta di Busseto 16 months – IBIS

Pizza classica con fiordilatte, caciocavallo silano e 'Nduja di Spilinga – San Vincenzo

Classic Pizza with Fior di Latte, silano caciocavallo Cheese and 'Nduja di Spilinga – San Vincenzo

La pampuglia è ancora usata, con la funzione di dare una rapida fiammata e un istantaneo innalzamento della temperatura, senza generare brace, ed è una sorta di booster che permette di espellere l'umidità in eccesso dal disco di pasta facendo gonfiare il cornicione. La tipologia di legno varia dal faggio, che permette di avere una brace duratura, alla quercia, all'olivo che sono legnami più odorosi e che possono conferire aromi all'impasto. È importante inoltre che i ciocchi di legna non siano di grandi dimensioni, e che siano aggiunti poco per volta, per evitare di innalzare la temperatura in modo ingestibile.

La tecnologia attuale sta attuando nuove tipologie di forni elettrici, anche in risposta alle esigenze sanitarie e ambientali create da varie ricerche anche in ambito europeo. Ci si interroga sempre più sulla salubrità di una cottura a legna e il mercato risponde con nuove strategie interessanti e attraenti che permettono una gestione più semplice che richiede anche meno expertise del pizzaiuolo. I nuovi forni elettrici, con mattoni refrattari, presentano spesso platee girevoli che permettono alla pizza di cuocere uniformemente senza l'intervento della mano dell'uomo, e presentano le garanzie di cottura del tutto assimilabili a un forno a legna. Naturalmente non si tratta di disquisire su quale tipo di cottura sia migliore, i forni elettrici sono utili per pizzerie a taglio, rosticcerie, panetterie che spesso confezionano pizze in teglia, ma l'arte del pizzaiuolo non può prescindere dalla capacità di riconoscere e gestire le temperature del fuoco, così come un buon cuoco non può accontentarsi di un buon fornello a induzione ma deve conoscere anche la fiamma viva per finalizzare al meglio la cottura e il gusto che vuole ricevere da una certa preparazione.

The pampuglia (wood shavings) is still used, with the function of giving a rapid burst of flame and an instant rise in temperature without generating embers and is a sort of booster that allows the excess moisture to be expelled from the dough, causing the "cornicione" (outer crust) to rise. The type of wood varies from beech, which allows for long-lasting embers, to oak or olive, which are more fragrant woods that can impart flavors into the dough. It is also important that the wood logs are not large, and are added a little at a time to avoid raising the temperature in an unmanageable way.

Current technology is implementing new types of electric ovens, in response to the health and environmental needs created by various types of research, including in Europe. There are more and more questions about the healthiness of wood-fired cooking and the market is responding with very interesting and attractive new strategies that allow for easier management and also require less expertise from the pizza maker. The new electric ovens, with refractory bricks, often have rotating cooking floors that allow for the pizza to cook uniformly without the involvement of the human hand, while maintaining all the cooking guarantees of a wood-fired oven. Of course, this is not a disquisition about which type of cooking is better. Electric ovens are useful for pizzas by the slice, for rotisseries, for bakeries that often package pizzas baked in a pan, but the art of the pizzaiolo cannot disregard the ability to recognize and manage fire temperature, just as a good chef cannot be satisfied with a good induction stove. He must also know how to use the open flame to best finish the cooking and the taste he or she wants to obtain from a particular preparation.

4. A. e D. Mattozzi, "Pizza. Una storia napoletana. Pizzerie e pizzaiuoli tra fine Settecento e inizio Novecento", Slow Food Editore, Bra, 2021, p. 171.

4. A. and D. Mattozzi, "Pizza. Una storia napoletana. Pizzerie e pizzaiuoli tra fine Settecento e inizio Novecento", Slow Food Editore, Bra, 2021, p. 171.

Friggitoria e rosticceria, piacere italiano

Friggitoria and delicatessen, Italian pleasure

Quando si parla di pizza è facile che il pensiero si ricolleghi per associazione alla rosticceria, uno dei baluardi dell'alimentazione metropolitana italiana.

Da nord a sud, ogni città è costellata da questi esercizi che offrono cibo cucinato secondo i dettami della tradizione locale, dai primi ai secondi, carni, pesci verdure. Come recita il nome, il filo condutture di questi cibi è che sono per lo più preparazioni arrosto, cotte in forno, elettrico o persino a legna. Nel Dopoguerra, le rosticcerie si sono spesso distinte per la preparazione di carni arrosto e il girarrosto, con spiedini e pollame che hanno trovato larga fortuna tra gli anni '60 e gli anni '90.

La rosticceria è anche friggitoria, con un pullulare di arancine, supplì, crocchette che dal sud sono dilagate anche tra le tavole del nord, offrendo la possibilità a queste preparazioni di smarcarsi da mero ambito dello street food, come è accaduto anche alla pizza.

Complice la presenza dei forni, anche la pizza nel tempo ha iniziato a popolare i menu delle rosticcerie, con preparazioni su ordinazione, a differenza degli altri piatti che venivano preparati in anticipo ed eventualmente riscaldati a casa.

When it comes to pizza, it is easy to associate it with the rotisserie, one of the bulwarks of Italian metropolitan cuisine.

From north to south, every city is dotted with these establishments, which offer food cooked according to the dictates of local tradition, from first courses to second courses, meats, fish and vegetables.
As the name implies, the common denominator of these dishes is that they are mainly roasted preparations, cooked in electric ovens, or even wood-fired ovens.
In the post-war period, rotisseries were often characterized by the preparation of roasted meats and rotisserie, with skewers and poultry, which found great popularity between the 1960s and the 1990s.

The rotisserie is also a friggitoria, with an abundance of arancini, supplì, croquettes that have spread from the south to the tables of northern Italy, giving these foods the opportunity to distance themselves from the mere realm of street food, as has happened to pizza.

With the help of ovens, pizza also begun to appear on rotisseries menus, prepared to order, as opposed to other dishes that were prepared in advance and then reheated at home.

"Cuochi si diventa, rosticcieri si nasce", diceva il grande Brillat-Savarin.
In rosticceria la temperatura è sempre alta, a garanzia di sapori intensi e succulenza promessa di piacere, senza badare alla linea. La fiamma viva, l'olio bollente, il forno arroventato, lo spiedo sfrigolante. Dalle lasagne ai polli allo spiedo, ai supplì e compagni di panure, è il trionfo della crosticina che imprigiona il succo del gusto, e che si svela in voraci bocconi da re.

Le rosticcerie sono essenza del mangiare cittadino, frenetico e bisognoso di appagamento, con poco prezzo e poco sforzo, con un ventaglio che abbraccia volentieri il concetto di cibo di strada, da mangiare con le mani, tra cui primeggia la pizza. Ma sono anche emblema della memoria dei pranzi della domenica da riprodurre come un'Italia in miniatura, simbolo di un mangiare democratico e moderno che nasce dall'alimentazione popolare e a essa fa sempre ritorno.

Regione per regione, ecco alcuni dei capisaldi di questi cibi la cui fama ha salvato intere generazioni dalla fame.

"We become a cook, but we are born a roaster", said the great Brillat-Savarin.
In rotisseries the temperature is always higher, a guarantee of intense flavors and deliciousness that promises to please without worrying about the waistline.
The open flame, the boiling oil, the red-hot oven, the sizzling spit. From lasagna to spit-roasted chicken, to supplì and breading companions, it is the triumph of the crust that encloses the juice of the flavors and reveals itself in voracious king's bites.

Rotisseries are the essence of urban eating, hectic and in need of satisfaction, with a lower price and very little effort, with a range that welcomes the concept of street food, to be eaten with the hands, amongst which pizza stands out.
But they are also the symbol of the memory of Sunday lunch to be reproduced as a miniature Italy, symbolic of a democratic and modern eating style, born from popular food and to which it always returns to.

Region by region, here are some of the cornerstones of these foods whose fame has saved entire generations from hunger.

I fritti siciliani per esempio sono tra i migliori e i più imitati: l'arancino in primis, che solo a Palermo si chiama arancina, una bombetta di risotto allo zafferano con un cuore di ragù coi piselli (o col formaggio, con gli spinaci, con le melanzane), panato e fritto. Quindi i crocché, ovvero le crocchette di patate con prezzemolo dalla panatura croccante e il cuore tenero e delicato. Poi ci sono le panelle che sono poi la stessa cosa della panissa ligure, ovvero rettangoli di farina di ceci fritte che si mangiano "in purezza" o nella mitica mafalda (il pane che viene anche farcito con la milza). Il pane cunzatu, "conciato", è un pane casereccio, farcito con pomodoro, filetti d'acciuga, sale e origano. Un'altra delizia è il "pani ca' meusa", forse il cibo di strada più noto, che oltre alle gastronomie si trova anche agli angoli delle viuzze sui caratteristici carretti dove vengono allestiti fornelli e pentole in cui polmone e milza cuociono e vengono rifiniti con strutto. Nella pagnotta semidolce e cosparsa di semi di sesamo chiamata "mafalda" o vastedda non c'è solo milza bensì pure polmone. Ma oltre alla versione nel pane, si può gustare anche in purezza con una spruzzata di limone o "sposata", ovvero abbinata a ricotta e caciocavallo.

Sicilian fried foods, for example, are among the best and most imitated: first of all the *Arancino* (little orange), called Arancina only in Palermo, is a saffron risotto ball with a heart of ragu with peas (or with cheese, with spinach, with eggplant), breaded and fried. Then there are the *Crocché*, the potatoes croquettes with parsley, with a crunchy outside and a soft and tender heart. Then there are the *Pannelle* (chickpea fritters), which are basically the same thing as the Ligurian "Panissa", that is, rectangles of fried chickpea flour that are eaten alone or in the legendary *Mafalda* (the bread that is also stuffed with spleen). *Cunzatu* bread, which means dressed, is a homemade bread stuffed with tomatoes, anchovy fillets, salt and oregano. Another delicacy is *pani câ mèusa* (bread with spleen), perhaps the most famous street food, which, along with delicatessen, can be found at the corners of the alleys on the characteristic carts, where stoves and pots are set up in which lung and spleen are cooked and then fried in lard.. The *Mafalda* or locally called *Vastedda*, a semi-sweet loaf of bread topped with sesame seeds, is filled not only with spleen but also with lungs and perhaps "scannarozzo". In addition to the "panino" version, it can be eaten alone with a splash of lemon or "married", that is, combined with ricotta and caciocavallo cheese.

Fritto all'italiana Italian-Style Fried Food

Friggitoria e rosticceria, piacere italiano • Friggitoria and delicatessen, Italian pleasure

La Frittola è un cibo simile, a base di quinto quarto – grassetti, centopelle, cartilagini – bolliti, seccati e poi fatti rinvenire friggendoli nello strutto, da godere in purezza, o in panino, su un foglio di carta oleata.

Uno dei simboli della Sicilia è la stigghiola, letteralmente budella d'agnello in involtino, preparate con prezzemolo e cipolla e avvolte attorno a un porro che dà quel tocco di croccante e di sgrassante. Una volta abbrustolite, lo stigghiolaro le taglia a tocchetti e sono perfette per essere mangiate su un gradino a un tavolaccio di plasticaccia buttato per strada. Nel catanese avviene la stessa procedura e rituale con la carne di cavallo, in particolare in via del Plebiscito, dove si affastellano trattorie-paninerie con enormi griglie sulla soglia.

La versione siciliana della pizza è lo sfincione, un impasto alto e spugnoso leggermente condito con pomodoro, cipolla, caciocavallo e magari acciuga e rifinito con olio piccante od origano. Preparato durante la notte, lo si trova come i pani ca' meusa nelle strade di Palermo, sui "lapini", i camioncini attrezzati a tenerli in caldo. Nel periodo natalizio e per S. Giuseppe, a Catania è consuetudine mangiare le crispelle o sfinci, una sorta di frittelle di semola impastate con filetti d'acciuga dissalati o con la ricotta, fritte due volte.

The *Frittola* is a similar dish, made from "quinto quarto" (literally fifth quarter), which is the offal – "grassetti" (crackling pork), "centopelle" which is the leaner part of tripe, cartilage – boiled, dried and then revived by frying them in lard. It can be enjoyed alone or in a sandwich on a sheet of waxed paper.

One of the symbols of Sicily is *Stigghiola*, literally lamb intestines in a roulade, prepared with parsley and onions and wrapped around a leek that gives it a crunchy, degreasing touch. Once they are toasted, the "Stigghiolaro" cuts them into small pieces and they are perfect to be eaten on a step at a rough plastic table sitting on the street. In the Catania area, the same procedure and ritual is carried out with horse meat, especially in Via del Plebiscito, where trattoria-sandwich shops with huge grills are crowded on the threshold.

The Sicilian version of pizza is the *Sfincione*, a tall, spongy dough lightly topped with tomato sauce, onions, caciocavallo cheese and perhaps anchovies, and finished with spicy oil and oregano. Prepared at night, it can be found like the pani câ mèusa on the streets of Palermo, on the "lapini", the three-wheeled light commercial vehicles, equipped to keep them warm. At Christmas time and on Saint Joseph Day, in Catania it is customary to eat the *Crispelle* or *Sfinci*, a kind of semolina fritters mixed with desalted anchovy fillets or ricotta in the dough and fried twice.

La Puglia e la Basilicata vantano un generoso patrimonio di cibi fritti e succulenti da mangiare anche con le mani.

Lecce e Taranto sono capitali indiscusse delle pucce, panini di semola morbidi, eventualmente arricchiti di olive neri e farciti con capperi, acciughe, tonno, pomodoro, provolone, olio o anche, nei tempi moderni, prosciutto, formaggio.

Il panzerotto – o calzone fritto – è un altro must pugliese. Si tratta di un disco di impasto per la pizza farcito con pomodoro e mozzarella (o ricotta e pancetta o altre varianti), piegato in due a mezzaluna, sigillato e infine fritto. Lo si trova anche nei piccoli chioschi sul mare, insieme ai "rustici", tortini di sfoglia cotti al forno farciti di besciamella, pomodoro e mozzarella o in altre varianti (col prosciutto, con le verdure e così via), in qualunque ora del giorno, per veri golosi.

A Bari il fritto domina con le sgagliozze, ovvero polenta fritta, e le popizze, impasto di pane fritto, perfetto da abbinare a salumi e formaggi.

La zona della Valle d'Itria e delle Murge è nota per le carni suine e per il capocollo di Martina Franca. Qui i macellai di sera allestiscono i fornelli, una tradizione che affonda le radici nell'Ottocento, quando i tagli pregiati spettavano alle famiglie dei mezzadri e ai contadini restavano i tagli poveri. I fornelli ancora oggi sono grandi bracieri che trasformano le strade in una festa in cui godere delle bombette, ovvero degli involtini di capocollo, sale, pepe, rosmarino, prezzemolo e formaggio cotti allo spiedo, oppure degli gnummareddi, involtini di fegato, polmone e rognone legati con budello d'agnello o capretto, ingentiliti da prezzemolo e finocchio selvatico.

Puglia and Basilicata boasts a rich heritage of fried and succulent foods that can also be eaten with your hands.

Lecce and Taranto are the undisputed capitals of *Pucce*, soft semolina rolls, possibly enriched with black olives and filled with capers, anchovies, tuna, tomatoes, provolone, oil or, in modern times, even with ham and cheese.

Panzerotto – or fried calzone – is another Apulian must-have. It is a disk of pizza dough stuffed with tomato sauce and mozzarella (or ricotta cheese and pancetta, or other variations), folded in half into a crescent shape, which is sealed and then finally fried. It can also be found at small seaside kiosks, together with the *Rustici*, small baked puff pastry pies filled with bechamel sauce, tomato sauce and mozzarella cheese or in other variations (with ham, with vegetables, etc.) at any time of the day, for real food lovers.

In Bari, fried food dominates with the *Sgagliozze*, that is, fried polenta, and the *Popizze*, a fried bread dough perfect for pairing with salumi and cheeses.

The Itria Valley and the Murge plateau area is known for its pork and for the Capocollo of Martina Franca. In the evening, butchers set up their stoves, a tradition that has its roots in the nineteenth century, when the prized cuts belonged to the families of the sharecroppers while the peasants were left with the poorer cuts. Even today, the stoves are large braziers that transform the streets into a feast where you can enjoy *Bombette*, roulades of capocollo, salt, pepper, rosemary, parsley and cheese cooked on a spit, or *Gnummareddi*, roulades of liver, lung and kidney tied with lamb intestine, mellowed with parsley and wild fennel.

Calzone fritto, con fiordilatte e Salame Milano – Coati

Fried Calzone, with Fior di Latte and Milano Salami – Coati

Sulle tavole pugliesi non manca mai la focaccia, anzi, la fcazz, un impasto a lunga lievitazione arricchito di patate bollite, condita con ottimo olio extravergine, pomodoro e origano, perfetta partner in crime del pasto, ma altrettanto golosa per una merenda conviviale.

A food that is always present on Apulian tables is the *Focaccia*, actually, the "Fcazz", a long leavened dough enriched with boiled potatoes, with excellent extra virgin olive oil, tomato and oregano, the perfect partner in crime for a meal and equally delicious for a convivial snack.

Salendo su per la penisola non si può non fare tappa in Campania, in cui la pizza è vessillo di uno stuolo di cibi che dal loro essere nati, cucinati e mangiati in strada, sono diventati vera e propria tradizione.

Traveling up the peninsula, one cannot avoid a stop in Campania, where pizza is the banner of a multitude of foods that have become true traditions, from their birth to being cooked and eaten in the streets.

Tra i grandi prodotti da forno primeggiano i taralli, anelli biscottati salati anche detti "taralli 'nzogna e pepe" perché preparati con sugna, pepe e soprattutto mandorle tostate. Nella stessa categoria anche i rustici, dei tortini farciti di ricotta, salame, fior di latte, pepe.

Among the great savory baked foods, the *Taralli* stands out. They are small, twice-baked, salted rings, also known as "taralli 'nzogna e pepe" because they are prepared with *sugna* (pork fat), pepper and, above all, roasted almonds. The *Rustici* belong to the same category: small pies filled with ricotta cheese, salami, Fior di Latte and pepper.

Tra i fritti, oltre alla pizza fritta farcita con ricotta, mozzarella, salame e cicali – ovvero i ciccioli di maiale, troviamo i crocché, o crocchette, purè di patate con pepe e sale, gli arancini, ovvero delle polpette di riso, meno opulenti dei siciliani, le zeppole, le classiche frittelle di pasta; i fiorilli – ma si dice ciurilli – che sono i fiori di zucca fritti sia in purezza che ripieni; gli scagliozzi che sono pezzi di polenta in tutto simili a quelli baresi. Ultima ma non ultima la frittata di spaghetti, che pare essere nata come piatto di recupero ma che oggi è un vero e proprio piatto tradizionale, in cui la pasta è cotta e poi mescolata con uova, parmigiano, pancetta, scamorza, prezzemolo e quindi fritta.

Among the fried foods, in addition to the fried pizza filled with ricotta, mozzarella, salami, *cicali* (pork cracklings), we find the *Crocché* or croquettes (mashed potatoes with salt and pepper), the *Arancini* (rice balls, which are less opulent than the Sicilian's version), the *Zeppole* (the classic dough fritters), the *Fiorilli* – called *Ciurilli* – which are fried pumpkin flowers served either plain or filled and the *Scagliozzi*, which are pieces of polenta similar in every way to those of Bari. Last but not least, the *Spaghetti Frittata*, which seems to have been born as a "piatto di recupero", that is a dish made from leftovers, but which today is a truly traditional dish, in which the pasta, once cooked, is mixed with eggs, Parmesan, pancetta, scamorza cheese and parsley and then finally fried.

Le friggitorie sono poi specializzate nei cuoppi, dei cartocci che sono come cornucopie e racchiudono tutto ciò che può essere fritto, incluso il pesce, tra cui acciughe, totani, gamberi, e soprattutto l'immancabile baccalà.

In Campania, oltre alle friggitorie e alle gastronomie, si trovano anche le tripperie, testimoni di quelle epoche di grandi contrasti sociali che hanno convissuto per secoli forgiando l'identità di questi luoghi. Quindi là dove ci sono grandi carni destinate ai palati più abbienti, ci sono grandi scarti destinati ai più poveri che comunque hanno dato un contributo determinante a delineare il gusto locale. Nelle tripperie si trovano belle interiora a far mostra di sé, da consumare fredde, condite con limone e pepe.

Nelle Marche è piuttosto imperdibile la Crescia, che si trova anche in Umbria nella torta al testo e che rivaleggia con la simile piadina romagnola, comunemente chiamata pizza bianca, con un impasto a base di farina, acqua, strutto e uova. A seconda delle zone ha una cottura diversa, sulla griglia, sotto la brace, su una piastra, quindi farcita con salsiccia, erbe di campo, prosciutto, lonza, formaggio.

The friggitoria shops then specialize in *Cuoppi*, paper cones that are like cornucopias that contain everything that can be fried, including fish, such as anchovies, flying squid, shrimp and, especially the ever-present Baccalà (dried and salted cod).

In Campania, beside the friggitoria and the delicatessen shops, we also find the "tripperie" (tripe shops), witnesses to those eras of great social contrasts that co-existed for centuries, forging the identity of these places. Therefore, where there are great meat cuts destined for the wealthiest palates, there are great scraps destined for the poorest, which nonetheless have been instrumental in shaping local taste.
In the tripperie one finds beautiful entrails on display, to be eaten cold, seasoned with lemon and pepper.

In the Marche region, *Crescia* is a must-try, which is also found in Umbria in the *Torta al Testo* and competes with the similar *Piadina Romagnola*, commonly called white pizza, with a dough made from flour, water, lard and eggs.
Depending on the area, it is cooked differently, on the grill, under the embers, on a cooking plate, and then stuffed with sausage, wild herbs, ham, pork loin, cheese.

Regione che vai, fritto che trovi, e le Marche non deficiano di leccornie dorate nell'olio, come le celeberrime olive all'ascolana. Si preparano a partire dall'oliva della cultivar DOP Ascolana Tenera, verde, grande, morbida, con una farcitura a base di carni di manzo, maiale e pollo, e una panatura croccante. Perfetta come antipasto, sulla tavola marchigiana è consuetudine iniziare con un vassoio di fritto misto, con le olive accompagnate da verdure, carni e la crema fritta in forma cubica leggermente aromatizzata da una goccia di liquore all'anice, funzionale e stemperare la sapidità del fritto.

La generosità del mare Adriatico, e l'importanza della flotta di pescatori di San Benedetto del Tronto ha dato vita anche a una forte tradizione culinaria marinara, per cui il pesce appena pescato viene venduto crudo (coquillage) e fritto, e pure preparato in mille modi tra cui spiccano i fritti di calamari, gamberi, paranza, insalate di polpo, di mare, di sgombro, lumachine, baccalà, alici marinate, seppie al forno, palombo al pomodoro.

La versione marchigiana del panino con il lampredotto toscano o il pane con la milza siciliano sono le spuntature marchigiane ovvero le budellina del vitello da latte, le stesse utilizzate nella pajata laziale. Si arrostiscono sulla griglia condite con aglio e rosmarino con cui si farcisce una rosetta.

To paraphrase the famous Italian saying, "Region you go, fried dish you find", in the Marche region there is no shortage of delicacies cooked in oil until golden, such as the world-famous *Olives all'ascolana*.

They are prepared with PDO Ascolana cultivar olives, which are tender, green, large, soft, stuffed with beef, pork or chicken meat, and covered with crunchy breadcrumbs. Perfect as an appetizer, on the Marche table it is customary to start with a tray of *Fritto Misto* (mixed fried food), with olives accompanied by vegetables, various meats and the fried cream in cubic form, lightly flavored with a drop of aniseed liqueur, functional to dilute the richness of the fried food.

The generosity of the Adriatic Sea and the importance of the fishing fleet of San Benedetto del Tronto have also given rise to a strong seafood culinary tradition, where freshly caught fish is sold raw (seafood) and fried, also prepared in a thousand different ways, amongst which fried calamari, shrimp, *Paranza* (mixed fried seafood), octopus salad, seafood salad, mackerel salad, snails, Baccalà, marinated anchovies, baked cuttlefish, smooth-hound in tomato sauce stand out.

The Marche version of the Tuscan *Lampredotto* sandwich or the Sicilian bread with spleen is *Spuntature*, that is, the milk veal intestines, the same ones used in the Lazio Pajata. They are grilled, then seasoned with garlic and rosemary and used to stuff a "*rosetta*", a rose-shaped sandwich bread roll.

In Abruzzo, la regina della rosticceria è rappresentata dalla carne con gli arrosticini, bocconcini di pecora o castrato infilzati in uno spiedo e cotti sulla brace, un cibo imitatissimo in tutto il resto d'Italia, particolarmente goloso per il piccolo formato della carne che si presta a essere mangiata direttamente dallo spiedino, senza il medium del piatto o delle posate.

Il Molise si fa notare per i suoi involtini di fegato e trippa e budella d'agnello condito con sale, pepe, peperoncino e prezzemolo cotto sulla brace. Si trovano nella provincia di Campobasso nelle macellerie ma pure nelle bracerie che li servono prèt-à-manger. Sono molto simili ai tuncenelle di Chieti in Abruzzo e che a Teramo si chiamano mazzarelle (spesso cotte in pentola e servite al tavolo) e marra all'Aquila.

Marche, Abruzzo e Molise si accomunano per la "pizzetta dell'Adriatico", un impasto gustoso cotto in un mini tegamino, che si mangia pure farcito, perfetto per uno spuntino estivo sul mare.

Il Lazio si distingue per una delle sue bandiere più note in tutto lo stivale, la porchetta di Ariccia, che non manca mai in rosticceria, così come i supplì, che da Roma hanno conquistato il resto della penisola e oltre. Una crocchetta di riso che somiglia parecchio all'arancino nella forma e nella ricetta – riso bollito con rigaglie di pollo (o, ormai più diffusamente, carne trita, sugo, mozzarella); il tutto impanato e fritto – ma dalla storia piuttosto singolare. Si narra, infatti, che le truppe napoleoniche risalendo dalle Due Sicilie abbiano invaso Roma con le armi e con il cibo, perché per fare la guerra avevano pur bisogno di mangiare. E che insieme alle armi si siano portati dietro delle polpette, forse dalla Sicilia o forse da Napoli, che erano delle palle di riso ripiene di carne. Pare che a un certo punto, tra una fucilata e una barricata, queste palle siano finite in mano ai romani.

In Abruzzo, the queen of rotisserie is represented by meat with *Arrosticini*, morsels of sheep or mutton threaded onto a skewer and cooked on the grill. This dish is intensely imitated throughout the rest of Italy and it is particularly tasty because of the smaller size of the meat, which allows it to be eaten directly from the skewer, without the use of a plate or cutlery.

Molise is famous for its roulades of lamb's liver, tripe and intestines, seasoned with salt, pepper, hot pepper flakes with parsley and cooked over glowing embers. They can be found in the province of Campobasso in butcher's shops but also in brasseries that serves them "prèt-à-manger".
They are very similar to *Tuncenella* in Chieti, Abruzzo, which are called *Mazzarella* in Teramo (often cooked in a pot and served at the table), and *Marra* in L'Aquila.

Marche, Abruzzo and Molise are united by the *Pizzetta dell'Adriatico*, a tasty dough cooked in a mini-pan, which can also be eaten stuffed, which is perfect for a summer snack by the sea.

The region of Lazio distinguished itself for one of the best known flags in the entire boot, *Porchetta di Ariccia*, which is never missing from rotisseries, just like the *Supplì* that from Rome, has conquered the rest of the peninsula and beyond. A rice croquette that is very similar to the arancino in shape and recipe – boiled rice with chicken giblets (or now, more commonly, ground meat, sauce and mozzarella cheese), that is then breaded and fried – but with a rather unique story. In fact, the story tells that Napoleon's troops, coming up from the Kingdom of the Two Sicilies, invaded Rome with weapons and food, because to wage war they needed to eat. Along with weapons, they brought with them some meatballs, perhaps from Sicily or Naples, which were rice balls stuffed with meat. And it seems that at some point, between shooting

Pizza contemporanea con fiordilatte, pecorino di Amatrice e Guanciale Amatriciano DE.CO. – SANO

Contemporary Pizza with Fior di Latte, Amatrice Pecorino Cheese and Pork Jowl Amatriciano DE.CO. – SANO

"Quelle surprise", le chiamavano i francesi nell'addentare la polpetta e scoprirne il ripieno. E i romani per assonanza hanno capito "che supplì", coniando un neologismo ma soprattutto impossessandosi di quel cibo potente, che in alcuni vecchi ricettari è declinata al femminile, LA supplì, ad avallare la deviazione linguistica dal francese. Forse la panatura si è aggiunta in seguito, la forma nel tempo si è allungata, e si è aggiunto il formaggio filante, al telefono. Il fritto la fa da padrone tra i banchi delle gastronomie laziali, ma viene affiancato volentieri dalla pizza alla pala, venduta al taglio e farcita con generosità di ingredienti anche freschi di stagione.

L'Umbria si inserisce perfettamente in questa panoramica e, tra i vari piatti cucinati al forno come la pasta, gli sformati e gli arrosti, si distingue per la torta al testo. Tipica della tradizione perugina, si tratta di una schiacciata di farina, acqua, olio di oliva e una punta di bicarbonato o di lievito di birra, che poi viene cotta nel "testo", la pietra piatta refrattaria resa rovente dal fuoco e utilizzata in origine per la sua cottura; in Umbria la chiamano anche "crescia", "torta del panaro" o "pizza sotto il fuoco" (Terni). In passato si preparava in occasione dei lavori dei campi (mietitura, vendemmia, uccisione del maiale), quando occorreva saziare appetiti robusti con un cibo di difficile digestione che permettesse di risparmiare il più prezioso pane; oggi la torta al testo si consuma al naturale o farcita con prosciutto, salame, salsiccia cotta, verdure lessate, porchetta, stracchino e rucola.

and barricading, these balls ended up in the hands of the Romans as well. "Quelle surprise", the French called them in biting into the meatball and discovering its filling. The Romans, by assonance understood "*che supplì*", coining a neologism but, above all, taking possession of that powerful food which, in some old cookbooks is declined in the feminine, *LA supplì*, endorsing the linguistic deviation from the French. Perhaps the breading was added later, the shape lengthened over time, and stringy cheese has been added, on the phone. Fried food reigns supreme among the stands of Lazio's delicatessen, although it is gladly joined by pizza on the peel, sold by the slice and topped generously even with fresh seasonal ingredients.

Umbria fits perfectly into this overview and among the various baked dishes such as pasta, casseroles and roasts, it stands out for its *Torta al Testo.*
Typical of the Perugia tradition, it is a flatbread made of flour, water, olive oil, and a pinch of baking soda or brewer's yeast, which is then cooked in the "testo", the flat refractory stone made red-hot by fire and originally used for baking. But in Umbria, it is also called *Crescia*, *Torta del Panaro* or *Pizza Under the Fire* (Terni). In the past, it was prepared when working in the fields (harvest, grape harvest, pig slaughter), when it was necessary to satisfy robust appetites with a hard-to-digest food, thus saving the more precious bread. Today, the Torta al Testo is eaten plain or filled with ham, salami, cooked sausage, boiled vegetables, porchetta, stracchino cheese and arugula.

In Toscana sono ancora molto in voga le rosticcerie coi girarrosto che da mattina a sera cuociono il pollame e le carni allo spiedo, e mentre da Firenze a Pistoia domina il culto del lampredotto e della trippa (con rivenditori specializzati, i famosi trippai), Livorno e la costa si contraddistinguono per una preparazione al forno il cui nome varia da una città all'altra. L'impasto di farina di ceci, acqua, olio extravergine d'oliva e sale, cotta preferibilmente in forni a legna, in speciali teglioni tondi di rame stagnato a Livorno si chiama torta, mentre a Pisa e Lucca cecìna, fino ad assumere altre nomenclature man mano che si risale verso la Liguria, dove diventa farinata.

A proposito di Liguria, se c'è un prodotto che caratterizza questa regione da Levante a Ponente, è sicuramente la focaccia, che si declina in moltissime versioni, ma sempre con un impasto semplice a base di acqua, sale, farina e olio extravergine, che si può anche farcire con pomodoro, acciughe capperi e sardine e che a Ponente prende il nome di Sardenaria o Piscialandrea (dal francese Pissaladière della vicina Nizza). Si chiama focaccia anche quella di Recco, ma è tutta un'altra faccenda, poiché composta da due sottilissimi strati senza lievito farciti di un solo unico formaggio: lo stracchino (o crescenza), che si scioglie in bocca. La Liguria, terra di pescatori e agricoltori, stretta tra terra e mare, si caratterizza anche per le fritture, dai frisceu – frittelle di pastella – alle verdure, specie i fiori di zucca, fino al pesce, in particolare acciughe e altri pesci azzurri, come i pinoetti (pesciolini), i cicciarelli (altri pesciolini, tipici di Noli, vicino a Savona). Nell'entroterra e in città sono un must le torte salate, come la pasqualina, una torta di sfoglia con dentro uova, carciofi, bietole, pangrattato eccetera; o ancora il polpettone a base di verdure, ma anche le verdure ripiene, che non mancano mai nelle vetrine delle gastronomie.

In Tuscany, rotisserie shops with the *girarrosto* (rotisserie spits) that cook poultry and meat on the spit from morning to night are still very popular and, while from Florence to Pistoia the cult of the *Lampredotto* and tripe dominates (with specialized retailers, the famous "trippai"), Livorno and the coast are distinguished by an oven-baked preparation whose name varies from town to town. The mixture of chickpea flour, water, extra virgin olive oil and salt, preferably baked in wood-fired ovens, in special round tin-plated copper pans, is called *Torta* in Livorno, while in Pisa and Lucca it is called *Cecìna*, until it takes on other nomenclatures as we move up towards Liguria, where it becomes *Farinata*.

Speaking of Liguria, if there is one product that characterizes this region from the east to the west, it is definitely the Focaccia, which comes in many versions, yet always with a simple dough made of water, salt, flour and extra virgin olive oil, which can also be stuffed with tomatoes, anchovies, capers and sardines, which in the west takes the name of *Sardenaria* or *Piscialandrea* (from the French "Pissaladière" from nearby Nice). The one from Recco is also called focaccia, but it is a different matter altogether, as it consists of two very thin, yeast-free layers filled with a single type of cheese: stracchino cheese (or crescenza), which melts in the mouth. Liguria, a land of fishermen and farmers, nestled between land and sea, is also notable for fried foods, from *Frisceu* (batter fritters), to vegetables, especially pumpkin flowers, to fish – especially anchovies and other blue fish, such as Pinoetti (small fish) or Cicciarelli (other small fish, typical of Noli, near Savona). Inland and in the city, savory tortes are a must, such as the *Pasqualina*, a puff pastry torte with eggs, artichokes, chard, breadcrumbs, etc. inside. The vegetable-based Italian polpettone, as well as stuffed vegetables, which are never missing in the windows of delicatessen.

Pizza in pala con bitto d'alpeggio, radicchio e Bresaola punta d'Anca – Paganoni

Pizza in a Peel with Mountain Bitto Cheese, Radicchio and Bresaola punta d'Anca – Paganoni

Progetto INFIBRA
INFIBRA Project

Ritorno al passato con il germe di grano
Return to the past with the wheatgerm

Quella di Denti è la storia di un piccolo mulino artigianale a gestione familiare, che dalla piccola attività di paese è riuscito a sviluppare – in oltre settant'anni di esperienza – una produzione industriale senza rinunciare alle tradizioni e alla qualità. Siamo a Borzano di Albinea nelle prime colline dell'Appennino Emiliano in provincia di Reggio Emilia a cui si aggiunge un secondo e importante stabilimento a Vicofertile in provincia di Parma.

Oggi, Molino Denti è una realtà conosciuta in Italia e all'estero, specializzata nella trasformazione del grano tenero per la produzione di farine con una capacità di oltre settemila quintali al giorno.

In tempi di grandi cambiamenti, conflitti internazionali e globalizzazione, il Molino Denti non ha rinunciato allo stile aziendale fatto di passione, ricerca e sviluppo.
Qui, le materie prime vengono scelte con i tempi di maturazione corretti – come una volta – quando il grano aveva il tempo di maturare e di asciugare, mantenendo vivi profumi e sapori anche dopo la macinatura.

The story of Denti is that of a small, family-run artisan company that, in over seventy years of experience, has managed to evolve from a small town mill to an industrial production without sacrificing or compromising tradition and quality. The mill is located in Borzano di Albinea, in the first hills of the Emilian Apennines, in the province of Reggio Emilia, with a second important facility in Vicofertile, in the province of Parma.

Today, Molino Denti is a well-known business in Italy and abroad, specializing in the processing of soft wheat for the production of various flours with a capacity of over 771 US tons per day.

In times of great changes, international conflicts and globalization, Molino Denti has not abandoned its corporate style of passion, research and development.
Here, the raw materials are selected with the correct maturation times – as in the past – when the wheat had time to mature and dry, preserving its aroma and flavor alive even after milling.

Negli ultimi decenni il comparto della molitura nazionale e internazionale ha spostato il focus produttivo a favore delle farine tradizionali 0 e 00 perdendo buona parte dei valori nutrizionali e delle caratteristiche aromatiche e gusto olfattive delle pizze, dei pani; dei dolci, delle paste e così via. Con questa consapevolezza e per bilanciare l'offerta a favore dei consumatori più attenti e appassionati, il Molino Denti ha dato vita al progetto Infibra, che consiste in una selezione di farine pregiate e ricche di valori nutrizionali a partire dal germe e dalla crusca.

Il germe rappresenta il 3% del chicco di grano, ma è la parte più nobile e delicata perché è qui che si concentrano le vitamine, le fibre, i minerali, i grassi e gli antiossidanti, a cui si aggiunge la crusca che grazie ad una percentuale del 14% circa, rappresenta la pelle del chicco e funge da involucro protettivo formato da sette strati che in fase di lavorazione vengono separati per frantumazione apportando alle farine un valore nutrizionale elevato grazie alle fibre e sali minerali presenti naturalmente.

Un altro fattore che caratterizza la qualità delle farine Infibra è l'aromaticità e complessità gustativa preservate grazie alla lenta tostatura, un processo che determina una distribuzione omogenea del calore, una maggiore uniformità di cottura e consente di stabilizzare aromi, valori nutrizionali e colore.

In the previous decades, the national and international milling industry has shifted its production focus in favor of traditional type 0 and 00 flours, losing much of the nutritional values and the aromatic taste and olfactory characteristics of pizza, bread, cakes, pasta, and so on. With this awareness and in order to balance the offer for the most attentive and passionate consumers, Molino Denti launched the Infibra project, which consists of a selection of high quality flours, rich in nutritional values, starting from the germ and the bran.

The germ represents 3% of the wheat grain, but it is the most noble and delicate part because it concentrates vitamins, fibers, minerals, fats and antioxidants, to which is added the bran which, with a percentage totaling about 14%, represents the skin of the grain. The bran acts as a protective shell made up of seven layers that are separated by crushing during the milling process, giving the various flours a higher nutritional value thanks to the fibers and mineral salts that are naturally present.

Another factor that characterizes the quality of Infibra flours is the aroma and the complexity of the taste, which are preserved by slow roasting, a process that ensures a homogeneous distribution of heat, greater cooking uniformity and the stabilization of aromas, nutritional values and color.

Pizza in pala con fiordilatte, olive, champignon e Prosciutto Cotto Antibiotic-Free QUI TI VOGLIO – Martelli

Pizza in a Peel with Fior di Latte, Olives, Champignon Mushrooms and Prosciutto Cotto Antibiotic-Free QUI TI VOGLIO – Martelli

Pizza contemporanea con fiordilatte, olive, datterini e Prosciutto Cotto Alta Qualità REGIO – Leoni

Contemporary Pizza with Fior di Latte, Olives, Datterino Tomatoes and Alta Qualità REGIO Cooked Ham – Leoni

Considerato che il grano è un ingrediente vivo, la tostatura rimane una pratica artigianale e ancora oggi viene elaborata grazie alla sensibilità degli operatori che non hanno tempi e temperature prestabiliti, infatti si affidano al colore e al profumo per capire quando il grano è pronto.

Le farine che si ottengono dai diversi tipi di grani selezionati vengono miscelate ad arte a seconda della destinazione d'uso per realizzare il pane, la pizza, i biscotti e così via, un mix perfetto che ha richiesto anni di esperienza per raggiungere l'eccellenza. Oggi le selezioni Infibra sono a disposizione di appassionati e professionisti del settore gastronomico.

Un'altra eccellenza firmata Molino Denti sono le miscele Frittodoro composte da farine dedicate all'alta friggitoria a partire dalle composizioni a base di pesce, carne e verdure senza dimenticare il classico e intramontabile fritto all'italiana: crocchè, frittelle di fiori di zucca, arancini e polpette.

La selezione Frittodoro in cottura non assorbe l'olio e consente di realizzare fritture croccanti e dorate ad alta digeribilità.

Given that wheat is a living ingredient, roasting is still an artisanal practice and is still very controlled and detailed thanks to the sensitivity of the operators who do not have pre-established times and temperatures. In fact, they rely on color and aroma to understand when the wheat is ready.

Flours made from different types of selected grains are artfully blended according to their intended use to make bread, pizza, cookies, etc. A perfect blend that has taken years of experience to achieve excellence. Today, Infibra selections are available to food enthusiasts and professionals in the food industry.

Another excellence signed by Molino Denti are the Frittodoro blends composed of flours designed for the haute friggitoria starting with fish, meat and vegetables, without forgetting the classic and timeless Italian fried foods: croquettes, pumpkin flower fritters, arancini and meatballs.

The Frittodoro selection does not absorb oil, thus allowing for crispy, golden fried food that is highly digestible.

Focaccia
con i migliori salumi d'Italia

Focaccia
with Italy's Best Salumi

Biografia e ringraziamenti
Biography and acknowledgements

Sabatino Sorrentino, classe 1976, nasce a Pagani (SA) e cresce a Sant'Egidio del Monte Albino, un piccolo borgo medievale in provincia di Salerno. Nella sua carriera vanta collaborazioni con importanti editori italiani per la stesura di libri e riviste del settore enogastronomico. Tra gli altri – La Repubblica, L'Espresso, Spirito di Vino, VITAE A.I.S.
È appassionato di arte contemporanea, vini pregiati, salumi e wine pairing.

La svolta della sua vita arriva nel 1997 quando si trasferisce ad Albinea nelle prime colline di Reggio Emilia dove vive e lavora. È felicemente sposato con Rossella, l'amore della sua vita, ed è padre di Federica e Francesca.

Da venticinque anni è titolare del ristorante Eco del Mare di Albinea (RE). Dopo i primi passi nella ristorazione si innamora del mondo del vino e nel 2008 conquista il titolo di sommelier professionista.

Nel 2010 all'Alma di Colorno (PR) scuola internazionale di cucina italiana alla 1ª edizione del Master "La Gestione e la comunicazione del vino" viene insignito del titolo di Master Sommelier con borsa di studio firmata Gualtiero Marchesi.

Dal 2012 è Presidente di Gurus S.r.l. studio di consulenza enogastronomica e dal 2013 è titolare e Curatore del progetto *Guida Salumi d'Italia,* prima guida italiana di settore.

Nel 2014 riceve il premio DIRE, FARE, SOGNARE, un riconoscimento alla cultura enogastronomica della Regione Emilia-Romagna.

Sabatino Sorrentino was born in 1976 in Pagani (SA) and grew up in Sant'Egidio del Monte Albino, a small medieval village in the province of Salerno. Throughout his career he has collaborated with important Italian publishers writing content for books and magazines relating to the food and wine sector. These include: La Repubblica, L'Espresso, Spirito di Vino, VITAE A.I.S.
His great passions are contemporary art, fine wines, cured meats and wine pairing.

The turning point in his life occurred in 1997 when he moved to Albinea in the hills of Reggio Emilia where he still lives and works. He is happily married to Rossella, the love of his life, and is the father of Federica and Francesca.

For the last twenty-five years, he has been the owner of the Eco del Mare restaurant in Albinea (RE). After an initial experience in the catering sector, he fell in love with the world of wine and in 2008 won the title of professional sommelier.

In 2010, he was awarded the title of Master Sommelier with scholarship signed by chef Gualtiero Marchesi from the Alma di Colorno (PR) international school of Italian cuisine during the 1st edition of the specialist course "La Gestione e la comunicazione del vino".

Since 2012, he has been the President of Gurus S.r.l., a food and wine consultancy firm, and from 2013, the owner and curator of the *Guida Salumi d'Italia,* the first Italian guide of the charcuterie sector.

In 2014, he received the DIRE, FARE, SOGNARE award that celebrates the food and wine culture of Emilia-Romagna.

Nel giugno 2016 organizza una mostra inedita con 55 opere esposte nella Biblioteca di Albinea in memoria del Maestro d'Arte Alberto Manfredi e Sergio Manetti produttore del prestigioso vino "Le Pergole Torte" di Montevertine.

Nel maggio 2017 in occasione della fiera Tuttofood di Milano ha ideato il primo "Tasting Theatre" rassegna dei migliori salumi d'Italia.

Nel medesimo anno, è stato co-curatore della guida *Ristoranti vini e salumi Friuli-Venezia Giulia 2017* de Le Guide de L'Espresso.

Dal 2017 al 2020 è stato co-autore della Guida Vini de l'Espresso e nel 2021 in Via Crocioni di Albinea ha dato vita allo spazio Gurus Lab, un salotto del vino dedicato al *wine pairing.*

Dal 2023 è direttore della *Guida Vini di vignaioli artigiani* (Maretti Editore).

Per i tipi di Maretti è stato anche curatore de *La Merenda italiana* (2022) e *L'Aperitivo italiano* (2023).

Sempre nel 2023 nella Galleria del Pane del prestigioso Mercato Albinelli di Modena, ha dato vita allo spazio Gurus Lab per valorizzare i migliori salumi d'Italia e i vini di vignaioli artigiani.

In June 2016, he organized a special exhibition with 55 works exhibited in the Library of Albinea in memory of the Master of Art Alberto Manfredi and Sergio Manetti, producer of the prestigious wine "Le Pergole Torte" of Montevertine.

In May 2017, during the Tuttofood fair in Milan, he invented the first "Tasting Theatre" with a collection of the best Italian cured meats.

In the same year, he was co-curator of the guide *Restaurants, wines and cured meats of Friuli-Venezia Giulia 2017* published by L'Espresso as part of their Guide series.

From 2017 to 2020, he was co-author of the Guide to Wines by L'Espresso, and in 2021 he created the Gurus Lab space in Via Crocioni in Albinea, a wine lounge dedicated to wine pairing.

Since 2023, he has been director of *Guida Vini di vignaioli artigiani* (Maretti Editore).

Always for Maretti Editore, he has also been editor of *La Merenda italiana* (2022) and *L'Aperitivo italiano* (2023).

Also in 2023 he founded the Gurus Lab at the Bread Gallery entrance to the prestigious Albinelli Market in Modena, focusing on Italy's finest cured meats and wines from artisan winemakers.

Ringraziamenti
Acknowledgements

Supervisione impasti
Sandra Arcidiacono

Impasti pizza classica
Antonio Lequoque

Impasti pizza contemporanea
Mirko Chinzi

Impasti pizza in teglia e pala romana
Andrea Aimar

Condimenti
Francesco De Rosa
e Martina Sabbioni

Farine utilizzate
Farina INFIBRA 0+340
6, 30, 46, 54, 70, 80, 90

Farina INFIBRA CROKKIA
10, 18, 64, 98, 103

Farina INFIBRA 0+250
15, 39, 45, 58, 61, 62, 69, 74, 106

Farina Anima Verace
2, 21, 22, 27, 34, 42, 48, 53, 56, 73, 79, 95, 104

Farina selezione FRITTODORO
86

Dough supervision
Sandra Arcidiacono

Classic pizza doughs
Antonio Lequoque

Contemporary pizza doughs
Mirko Chinzi

Pizza in the pan and Roman peel doughs
Andrea Aimar

Toppings and Fillings
Francesco De Rosa
and Martina Sabbioni

Flours used
INFIBRA Flour 0+340
6, 30, 46, 54, 70, 80, 90

INFIBRA CROKKIA flour
10, 18, 64, 98, 103

INFIBRA 0+250 flour
15, 39, 45, 58, 61, 62, 69, 74, 106

Anima Verace flour
2, 21, 22, 27, 34, 42, 48, 53, 56, 73, 79, 95, 104

FRITTODORO Selection flour
86

Realizzato e prodotto in Italia.
Finito di stampare nel mese di ottobre 2024

Made and produced in Italy.
Printing completed in October 2024

marettimanfredi.it
instagram: marettimanfrediedizioni
facebook: Maretti e Manfredi Edizioni